だから僕たちは、組織を変えていける

やる気に満ちた「やさしいチーム」のつくりかた

斉藤 徹

クロスメディア・パブリッシング

はじめに
〜 組織を変える旅へ〜

社会は、指数関数的に変わっている。

　なぜなら、産業のコメとなった半導体の性能が、指数関数的に向上しているからだ。産業のコメは生活の基盤となり、「エクスポネンシャル（指数関数的）な社会」をつくりあげた。その性能比は、この50年間で100億倍だ。この瞬間も、僕たちの社会は変化し続けている。

ならば、組織は変わっているだろうか。

指数関数的な社会に対して、組織はリニアにしか変化していない。なぜなら、今より「指数関数的に古い世界」で育ってきた世代が、組織の根幹をつくっているからだ。だからといってその世代に罪があるわけではない。コンピュータの時代、社会の変化が激しすぎるのだ。

この本の目的は、組織を変えることだ。

　この本は、現状に違和感を持ち、組織を変えたいと思う人に向けたものだ。今を知るために産業史をたどり、技術進歩がもたらしたパラダイムシフトを考察した。その上で、知識社会にふさわしい組織のあり方を解き、変えるメソッドとして「最新の組織論を体系化」した。

人類に残された時間は、実はあとわずかだ。

　利己的な経済成長は地球環境を破壊した。温暖化、食糧、ゴミ、二極化。この10年が人類生存の分かれ目ともいわれている。この本のもうひとつの目的には「組織の経済至上主義」を変えること。人々が幸せに生き、持続可能な社会を築くための組織基盤をつくることだ。

でも、本当に僕たちが組織を変えられるのか。

　変えられる。経営者、管理職、現場のリーダー、ひとりのメンバーであってもいい。組織をよりよくしたいと願うすべての人は、チームをリードして「あなたの組織」を変えていける。知見を学び、起点となり、小さく始め、広げてゆく。あなたのために、この本はある。

さあ、準備はいいかい？

今から組織を変える旅にでかけよう。

3章 リーダーは、強がりの仮面をはずそう
～ 安全な対話で、関係の質を変える

4章 チームを動かす、北極星を見つけよう
〜 意味の共有で、思考の質を変える

5章 アメとムチを捨て、好奇心を解き放とう
〜 内発的な動機づけで、行動の質を変える

6章 たったひとりから、影響の輪は広がる
〜 だから僕たちは、組織を変えていける

時代は変わった。
組織はどうか？

〜僕たちの違和感は、どこからくるのだろう

すべてのものにはクラック（ヒビ）があり、
そこから光が差し込む。
There is a crack in everything and that's how the light gets in.

カナダのシンガーソングライター、レナード・コーエンの名曲「Anthem」の一節だ。台湾をコロナ禍から救ったデジタル担当大臣、オードリー・タンの大好きな言葉でもある。同氏は、日本人に向けたインタビューで、この言葉を引用してこう語った。

「もしあなたが何かの不正義に焦り、怒っているのなら、それを建設的なエネルギーに変えてみてください。こんなおかしいことが、二度と起きないためにできる事はなんだろう、と自問自答を続けてください。そうすれば誰かを攻撃したり何かを非難したりせずに、前向きな新しい未来の原型を作る道にとどまることができます。あなたが見つけたクラックに他の人たちが参加し、そこから光が差し込みます」

僕たちにとって「コロナショック」というクラックの正体はなんだろう。それだけではない。僕たちが感じる言葉にできない違和感、現実のひび割れは、いったいどこから来るものなのか。そこから差し込む光とはなんだろう。それをどのように建設的なエネルギーに変えればいいのだろうか。

その答えを探りに、これから組織をめぐる冒険をはじめよう。僕たちは、イノベーションと危機が織りなす、経済の循環の中で生きている。今、目の前にある組織をよりよく変えていくために、大きな視点で産業史をたどり、現代組織の仕組みが生まれた経緯を理解しておこう。

01　世界の姿は、一定ではない

人類が経験した、3つの社会革命

　僕たち人類のイノベーションは「農業革命」からはじまった。群れで狩りをし、植物の実りを食べていた人類の生活が大きく変わった。収穫物を保存し、農地を開拓する。川の流れを変え、使える動物を繁殖させる。農作物を記録するために文字が発明され、僕たちの歴史も綴られはじめた。それ以来、人類は数千年もの時をかけて、富を蓄積し、貨幣を生み、国家をつくり、「農耕社会」を発展させてきた。

　ゆったりした人類の営みが加速するトリガーとなったのは、18世紀半ばにはじまった工業とエネルギーのイノベーション「産業革命」だ。この技術革新によって「農耕社会」から「工業社会」へのシフトがはじまり、約

1. 農業革命　　2. 産業革命

農耕社会　　　工業社会

二世紀の間に産業と社会の構造は刷新された。大量生産、大量販売、マスメディア、大衆娯楽など、人々に一斉に影響を与えるチカラが生まれ、組織のスタイルも、トップが全体をコントロールする形態が主流となった。この産業革命は、市民革命と並んで、近代とそれ以前の時代を分かつ分水嶺とされており、英国を皮切りに欧州、米国、ロシア、日本と、列強各国で「工業社会」への移行が連鎖していった。

　しかし、今ふり返ってみると、この驚くべきイノベーションも「リニアに進化する世界」の中での発展だった。リニアな世界観を一変させたのは、20世紀半ばに登場したコンピュータによる「情報革命」だ。インテルの創業者ゴードン・ムーアが予言した通り、この革命的なマシーンは、18ヶ月で2倍の割合で進化を続け、誕生時からの性能比は数兆倍を超えた。情報革命は「指数関数的なスピードで進化する世界」をつくりだし、「工業社会」は「知識社会」へとシフトした。しかし、この劇的な構造変化に人々の思考がおいつかず、社会的な歪みも生むことにもなった。

3. 情報革命

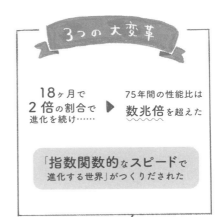

3つの大変革

18ヶ月で2倍の割合で進化を続け……　▶　75年間の性能比は数兆倍を超えた

「指数関数的なスピードで進化する世界」がつくりだされた

コンピュータ　　5G
インターネット　　AI
IoT

知識社会

ものづくりのイノベーションが世界を覆った〜産業革命

さて、ここで近代以降の経済の解像度を高めるために、約50年周期の景気サイクル「コンドラチェフの波」という経済の物差しをあててみよう。ロシアの経済学者が考案し、イノベーションの父と呼ばれるヨーゼフ・シュンペーターが世界に広めたこの波は、イノベーションと経済危機が織りなす経済の循環を示している。「産業革命」は「人の手足の代わりになる機械」が起こした革命である。18世紀後半からの約150年間にあたり、3つの長期波動「鉄道の時代」「鉄鋼の時代」「自動車の時代」で構成される。

「鉄道の時代」は蒸気機関の発明から生まれた。それによって綿工業が機械化され、物資輸送のために鉄道や海運が一気に広がった。ものづくりだけでなく、ヒトとモノの移動にイノベーションが生まれた時代である。しかし、1837年、米国に金融危機が起きたことをきっかけに、世界経済のトレンドは下降に向かった。

コンドラチェフの波	鉄道時代	鉄鋼時代	
技術革新	産業革命（鉄道）	産業革命（鉄鋼）	
エネルギー	木材	石炭（英国）	
新興メディア	新聞・書籍	電信・電話	
経済と金融	金融基盤の大財閥	株式会社の台頭	

第二の波動は「鉄鋼の時代」だ。ものづくりや物資の移動が栄えると、その手段である工業機械・鉄道・造船、その材料となる鉄鋼の需要が急増してゆく。主たる動力源も木材から石炭にシフトした。材料とエネルギーにイノベーションが生まれた時代である。しかし、1837年恐慌からはじまる大不況で、約四半世紀にわたり、経済は下降トレンドとなった。

第三の波動は「自動車の時代」だ。新しい動力源として石油に脚光が集まり、石油を動力源として走る自動車が生まれる。それを効率的に製造する流れ作業方式をフォードが導入し、大量生産もはじまった。「科学的管理法」という経営学の原点、組織的なものづくりのイノベーションが生まれた時代である。しかしバブルが世界恐慌によって弾けると、列強によるブロック経済化が進み、第二次世界大戦へと突入していく。これらの経済循環によって、メディアや経済の主役も移り変わっていることに注目したい。

自動車時代	コンピュータ時代	インターネット時代
産業革命（自動車）	情報革命（コンピュータ）	情報革命（インターネット）
石油（米国）	石油（中東）・原子力	再生可能エネルギー
映画・ラジオ	テレビ	デジタル・ソーシャル
帝国主義・ブロック経済	管理通貨制度	国際的な金融自由化

量と速さを求めた人類が生み出したもの〜戦後の復興

　戦後、世界は劇的に変化した。その基盤となった「情報革命」とは「人の頭脳の代わりになるコンピュータ」が起こした革命であり、現代にいたるまでに2つの波動が生まれてきた。独立したコンピュータ群が情報処理をこなす「コンピュータの時代」と、相互接続されたネットワークで無数のコンピュータが緊密につながる「インターネットの時代」である。情報革命の立役者はどのようにビジネスの世界に登場したのか。コンピュータが登場した戦後の焼け野原に視点を移して探ってみよう。

　1945年、人類史上最大といわれた大戦が幕を閉じた。激しい戦火で世界は荒廃し、多くの人々が生活の基盤を喪失した。そのため、日本はもちろんのこと、欧州やアジアの国は、国家をあげて経済の再建に向かいはじめた。この時、社会を支えたのは「大量生産、大量販売のシステム」である。疲弊した人々の巨大需要に応えるために、標準品を安く大量につく

用語　解説

チェーンストア理論

　米国で生まれた大量販売システムの理論で、スーパーマーケット普及の基礎となった。多店舗経営を本部主導で効率的に運営する手法であり、集中化と標準化を核とする。集中化の狙いは、商品の仕入はもとより、店舗のレジ、棚、家具、カンバン等を一括発注することでコスト削減を図ることだ。標準化の狙いは、組織構成や接客等をマニュアル化し、効率的にサービスを提供すること、商品構成から店舗デザイン、オペレーションまで均質にしてコスト削減を

図ることにある。日本では、1962年に経営コンサルタントの渥美俊一がリードしてペガサスクラブを設立。ダイエーの中内㓛、イトーヨーカ堂の伊藤雅俊、ユニーの西川俊男、イズミヤの和田満治など、日本の小売業を代表するメンバーが指導を受け、スーパーチェーン展開に大きく貢献した。その後、利便性重視のコンビニやECサイトの登場により、その影響力は低下している。

るシステム「科学的管理法」（詳しくは43ページ）を重厚長大産業が次々と採用し、生活必需品の大量生産を促進した。同時に、小売業も科学的な経営システム「チェーンストア理論」を導入、大量販売の推進エンジンとして、スーパーマーケットの礎が築かれていく。

　これらのマネジメントシステムにより、労働生産性は大きく向上した。また、労使交渉の活発化により、賃金も比例して上昇した。結果として生まれたのが「大衆消費社会」である。さらにテレビという究極のマスメディアも登場し、消費の勢いを加速させた。この四半世紀に世界の人々は毎年5％ずつ生産性を高め、4％ずつ消費を高めていった。人類史でも類をみない空前の経済成長が20年以上も持続したのだ。その裏方を支えていたのが、コンピュータによる情報処理である。

　コンピュータの登場は、戦後とほぼ同時だった。世界初のコンピュータと呼ばれているのは、1946年に誕生した電子計算機、ENIAC（エニアック）である。10桁の加算計算を毎秒5000回実行できる、当時としては驚異的な性能を持つマシンであり、メディアは「巨大頭脳（Giant Brain）」と名付けて報道した。その大きさは、幅30m、高さ2.4m、奥行き0.9m、総重量27トン。17000本を超える真空管を装備しており、毎日数本が壊れるために、その修理だけで毎回30分ほどかかったという。

　このころ、この巨大マシンはさほど注目に値するものではなかった。当時、IBMのトーマス・ワトソン会長が「世界中で、コンピュータの需要など5台ぐらいだ」と予言したことからも想像できるだろう。しかし、それは明らかな誤りだった。1964年、そのワトソン会長率いるIBMが、メインフレームのさきがけであり、商用として初めてOSを備えたSystem/360を開発したことで、コンピュータはビジネスにとって不可欠な柱となる。人に変わって大量の情報処理をこなすことで、大量生産・大量販売を実現し、指数関数的な成長をもたらすビジネスの基盤として浸透していった。

1973年、ビジネスは心を失いはじめた〜オイルショック

　1973年10月、世界に衝撃が走った。第四次中東戦争が勃発し、ほぼ同時に6つの産油国が連携して国際原油価格の引き上げを発表したのだ。これにより、石油の価格は3ヶ月で約4倍にまで高騰する。世にいう「第一次石油ショック」である。また、3C（カー・クーラー・カラーテレビ）に代表される生活必需品が一巡したこともあり、つくっても売れない時代になってゆく。成長エンジンだった大量生産システムが、逆に経営を圧迫しはじめる。企業経営の課題は「いかに多くつくり、多く売るか」から「いかに競合他社に勝つか」にシフトしていった。多様化する顧客ニーズに対応するための多品種少量生産システムを実現すべく、コンピュータがフル稼働して情報化を支え続けた。

　戦争用語だった「戦略・戦術」という言葉が、ビジネスの世界に定着したのもこの時代だ。競争に打ち勝つための戦略立案と、売れる仕組みをつくるマーケティングが経営モデルの核となった。経営改革の主役となったコンサルティング・ファームは、コスト・顧客・競合他社などの数字を徹底的に分析し、大企業の戦略構築に深く関与した。テイラーは「科学的管理法」を工場の業務改善に適用したが、コンサルタントたちは業務のあらゆる側面に対して経営分析を行い、自社を競争優位に導く戦略を策定した。この流れは、のちに「大テイラー主義」ないし「ネオ・テーラー主義」とも称された。

　1991年、東西冷戦が幕を閉じると、世界は資本主義でひとつになった。マネジメントにおける大テイラー主義も、競争の戦略、集中と選択、時価総額経営へと進化していく。コンピュータの高性能化は加速し、それに比例するようにビジネスの効率化や複雑化が進んだ。未来を予測し、経営資源を最適配分し、競争優位を得て、経済的な価値を最大化する。経営は戦いである。ビジネススクールは戦いに勝つためのメソッドを教える場所だ。戦略思考が社会全体に浸透し、物質的な豊かさが増す一方で、精神的な豊

かさを見失う傾向が強まっていった。

　さて、すこし話を遡ろう。オイルショックが経済を覆った1973年のこと。世界を一変させる革命的なテクノロジーが、ある研究室でひっそりと萌芽していた。のちに「インターネットの父」と呼ばれるヴィントン・サーフとロバート・カーンが、TCP/IPプロトコル（世界中を網の目状のネットワークでつなぐための手順）を発明したのだ。この米国の研究室での小さな企みが、地球規模で社会を変える一歩となることを、その当時は誰も気づいていなかった。

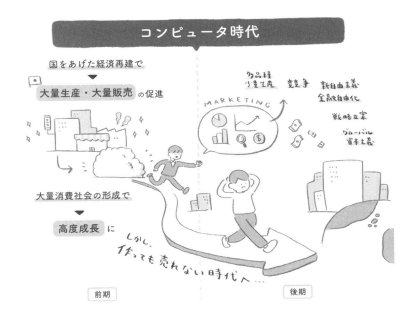

02　世紀が変わり、常識も変わった

テクノロジーがもたらした、3つのパラダイムシフト

　21世紀に入り、コンピュータは、より賢く、より静謐になり、人々の日常に溶け込んだ。端末や通信のコストが急激に低下し、無数のコンピュータが配られ、インターネットでひとつに結ばれた。インターネット時代の到来である。それにより、幼児から老人まで、テクノロジーはあらゆる人のあらゆる瞬間にまで浸透し、生活を支える命綱となったのだ。

　この地球規模の情報網から切り離されたら、僕たちはどうなってしまうのか。今では想像すらできないほど、世界のすべては大きく変わった。ふつうの人々が、「指数関数的な変化」を体感する時代の幕が開けたのだ。ビジネスへのインパクトも、計算不能なほど甚大なものとなった。携帯電話やゲーム機、家電などあらゆるハードウェア産業、情報機器を接続する通信産業、その上で稼働するソフトウェア産業やコンテンツ産業、それと連動する広告産業など、あらゆる産業において、テクノロジーによるイノベーションが誘発された。

　この「インターネットの時代」がビジネスにもたらした本質的な影響とは何なのか。それを明らかにするために、連なった3つのパラダイムシフト（ある社会を支配する考え方が、非連続的・劇的に変化すること）を提唱したい。3つのシフトは、それぞれ「危機とテクノロジー」がセットとなり、連携しながら、大きな社会変革を誘起している。このパラダイムシフトを疑似体験するために、インターネットが萌芽して、世界が変わった時代のストーリーをたどってみよう。

ムーアの法則とは

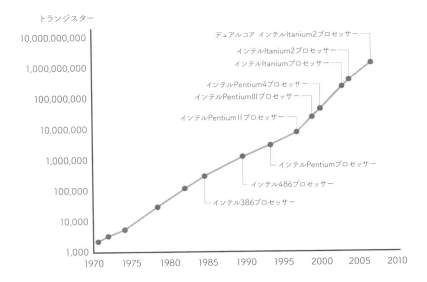

トランジスター

1965年にインテル共同創業者ゴードン・ムーアが
論文で唱えた「半導体の集積率は18か月で2倍になる」
という業界の経験則。

出典：インテル社ホームページ

「デジタルシフト」で、ゲームのルールが変わった〜1991年以降

　1991年12月25日、ソビエト連邦が崩壊した。戦後から長く続いたイデオロギーの対立が終わった。世界政治の均衡が崩れ、米国が唯一の超大国となったのだ。これにより、計画経済モデルの社会主義経済圏は崩壊し、世界経済は資本主義経済・市場経済に統合された。米国は自信を深め、湾岸戦争をきっかけに中東への介入を本格化させた。また、1980年代からロナルド・レーガンやマーガレット・サッチャーがリードしていた新自由主義（自己責任を基本とした市場原理主義）が世界に広まり、金融の自由化も一気に進んだ。

　1999年11月12日、米国において「グラス・スティーガル法」が廃止される。これは1933年に世界恐慌の克服を目指して制定された金融活動を規制する法律であり、いわば金融の暴走を抑える世界の安全弁ともいえるものだった。この法改正により、金融界への規制は解かれ、銀行・証券・

90年代後半の歴史的大暴落「ドットコム・バブル」

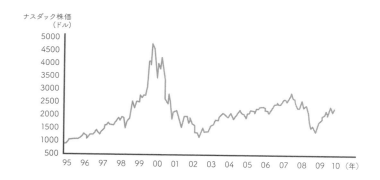

「ドットコム・バブル」とは、1999〜2000年頃、米国を中心に起こったインターネット関連の新興企業をめぐる経済的な熱狂のこと。日本では「ITバブル」と称される。2000年3月を頂点とした株式市場における上場ラッシュ、株価の暴騰、その後の暴落を指す。

出典：ブルームバーグ

保険を兼営する総合金融サービスが自由化された。「グローバル資本主義」と呼ばれるこの新潮流を追い風にして、金融工学に基づくヘッジファンドが隆盛し、マネーゲームが世界に広がっていった。

　このような時代背景の中で、世界を大きく変えるテクノロジーが登場する。1995年8月9日、ネットスケープ・コミュニケーションズが上場し、初日の時価総額は2250億円に達した。創業わずか15ヶ月での快挙は、ウェブブラウザを生んだ24歳の若者、マーク・アンドリーセンに巨万の富をもたらした。そして同年8月24日、マイクロソフトがWindows95を発表する。誰もが自然にインターネットに接続し、その恩恵を享受できる時代が到来したのだ。

　今や、僕たちは「インターネットがない世界」を想像することすらできない。だが25年前の僕たちには「インターネットがある世界」を想像できなかった。ただ、アンドリーセンが開発したブラウザから現れた仮想の世界は、何かとてつもない変化、果てしない未来の広がりを感じさせ、当時の人々、特に投資家や起業したい若者たちを大いに興奮させた。このインターネットに対する過剰な期待感が、ドットコム・バブルを引き起こすことになる。その後の6年で、シリコンバレーには約6兆円、当時の全ビジネス投資総額の20%がつぎ込まれたのだ。

　この時、ビジネス界では、産業革命にも匹敵するほどのインパクトあるパラダイムシフトを経験した。パソコンひとつで誰もが参加できる、巨大なオンラインの仮想空間が登場したからだ。95年8月を境としてゲームのルールが変わったのだ。「社会主義圏の崩壊」という危機と「インターネット」というイノベーションが創出した「デジタルシフト」である。

　インターネット以前、ビジネスは「既得権益」の世界だった。モノを売るためには「顧客が集まる店舗」が必要だし、ヒトが集まるには「立派なオフィス」が必要だ。商品やサービスを提供するには「商品をつくるため

の知識」や「商売するためのノウハウ」が必要だった。しかし、インターネットによって、これらの常識は破壊された。いい場所に店舗がなくてもオンラインで販売できるし、専門家を雇用しなくてもオンラインで検索すればいい。既得権益なしに誰でも起業できる、新しい商売の場が生まれたのだ。

　この劇的な環境変化によって、世界中の若者が「起業のチケット」を手にして、続々とネット起業家が登場することになった。彼らには過去のしがらみがまったくない。インターネットを通じたグローバルな市場で勝ち残るために、テクノロジーをフル活用した、スピード重視の組織をゼロから作りあげた。成長エンジンも「いかに工程を効率化するか」から「いかに斬新なアイデアを出し続けられるか」にシフトした。ピュアな知識時代が到来したのだ。過酷な競争の中で頭角をあらわしたのは、顧客の価値を徹底的に追求し続ける、Amazonやグーグルのような「学習する組織」だった。

デジタルシフトによって出現した3つの覇者

	Amazon	グーグル	Facebook
インターネット領域	コマース	コンテンツ	コミュニティ
創業年	1994年	1998年	2004年
上場年	1997年	2004年	2012年
主たる事業	電子商取引	検索エンジン	ソーシャルメディア
時価総額ランキング	世界5位	世界4位	世界6位

時価総額ランキングは、2021年9月末現在

一方で、規模の経済を謳歌していた大企業は、組織や事業が複雑化していた。外部との市場競争より内部での出世競争にエネルギーが費やされ、新興企業の意思決定の質と量についていけない。既得権益だけに頼った企業やテクノロジーを軽視した企業は、急激に衰退していった。激変する時代の空気を吸って育った若者たちが、1981年以降に生まれたデジタル・ネイティブ、Y世代（ミレニアル世代）である。幼いころからインターネットや携帯電話に親しみ、グローバルな感覚を持つなど、テクノロジーが世代特性に大きく影響したことにも注目したい。

当時、インターネット事業のキーと言われたのは、コマース、コンテンツ、コミュニティの3つのCだった。このパラダイムシフトから相応の時を経て、各分野における世界標準プラットフォームが出現した。コマースの覇者 Amazon、コンテンツの覇者グーグル、コミュニティの覇者 Facebookである。人類史上、類をみない激戦を制したこの三者は、その後のインターネット産業において、それぞれ支配的なポジションを占めるようになった。

場所と情報のパラダイムシフト

起業の鍵は場所（リアルな場所）
と情報（独占的な情報）

誰でもアイデアしだいで
起業できる

「ソーシャルシフト」で、人々の関係性が変わった〜2008年以降

　2008年9月15日、米国の投資銀行、リーマン・ブラザーズが破綻した。負債総額は約64兆円、史上最大の倒産劇だった。この悲劇の背景には、人々の果てしない欲望があった。お金はないが家がほしい。買い手をだまして儲けたい。元手の何倍もの利益を得たい。3つの欲望がパッケージされた金融派生商品サブプライム・ローンが生まれ、世界の金融機関にリスクの刃が飛び火していく。ノーベル賞経済学者まで巻き込んで生み出された金融工学が猛烈なバブルをつくり、それがついに弾けたのだ。

　リーマン・ショックの直後、2009年1月30日から開催されたダボス会議では、クリントン米国大統領、プーチン露大統領、温家宝中国首相、メルケル独首相らが集まって議論が交わされたが、議論は各国の協調行動、財政出動と景気対策にとどまった。世界のトップの関心は、根治療法ではなく対症療法に向いた。止血のための金融緩和を選択したのだ。これを機に、

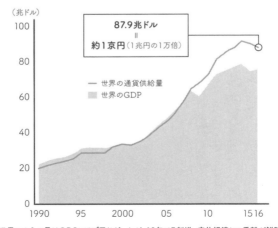

実体経済と通貨供給量の乖離

（兆ドル）

87.9兆ドル
＝
約1京円（1兆円の1万倍）

—— 世界の通貨供給量
　　世界のGDP

世界のカネの量はGDPとほぼ同じだったが、10年で7割増。実体経済との乖離が鮮明に。

出典：日経新聞「世界のカネ1京円、10年で7割増 実体経済と乖離鮮明」

実体経済と通貨供給量が乖離しはじめ、お金の価値が低下していく。資金調達が容易になったことで、ビジネスにおける競争力の源泉は「財務資本」から「人的資本」にシフトした。

　時を同じくして、世界にはもうひとつの変革が萌芽した。彗星のごとく登場したソーシャルメディアが、コミュニティ崩壊が進む社会に、古くて新しい人のつながりをもたらしたのだ。忘れかけていた古い友だちと新たにつながり、新たに知り合う人とつながる。そこから友人の輪が広がってゆく。そこは誰もが発言できるコミュニティであり、共感された言葉や絵が広がってゆくメディアにもなった。人のつながりのプラットフォームが登場したことで、世界の人々は、つねに対話し、連帯し、行動するようになった。生活者はチカラを持ち、新しい価値観が誘起された。「持続できる社会、持続できる事業を目指すべきだ」「事業運営は誠実であるべきだ」「組織運営は人間性を重んじるべきだ」。そんな共通善が形成され、共感をまとって広がっていった。

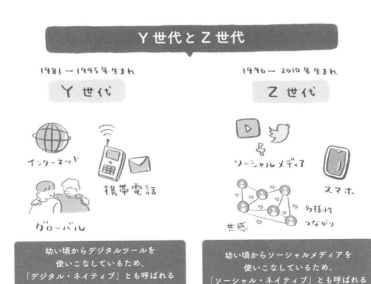

Y世代とZ世代

1981〜1995年生まれ
Y世代

1996〜2010年生まれ
Z世代

インターネット　携帯電話
グローバル

ソーシャルメディア　スマホ
共感　多様性　つながり

幼い頃からデジタルツールを
使いこなしているため、
「デジタル・ネイティブ」とも呼ばれる
（「ミレニアル世代」とも呼ばれる）

幼い頃からソーシャルメディアを
使いこなしているため、
「ソーシャル・ネイティブ」とも呼ばれる

　一方で、ソーシャルメディアがもたらす負の面も見逃すことはできない。麻薬に近い中毒性を持ち、特に若者の時間を奪うこと。フェイクニュースの温床となり、社会の動揺を引き起こすこと。根拠のない誹謗中傷で、他者の名誉を傷つけてしまうこと。Facebookが不都合な研究成果（例えば、何百万人もの10代の少女たちの精神的な健康が脅かされているという社内の調査結果）を隠蔽していると、同社の研究者がウォール・ストリート・ジャーナルにリークしたことも、問題の根深さを印象づけた。ソーシャルメディアが必要不可欠な社会インフラとして世界に浸透したことで、その功罪がともに浮き彫りになってきたのだ。

　「リーマンショック」という危機と「ソーシャルメディア」というイノベーション。ふたつの世界的な波動は、相互作用の中で、新たなパラダイムシフトを誘起した。「ソーシャルシフト」である。その主役は、1996年以降に生まれ、スマホを片手にソーシャルメディアで育ったZ世代だ。新たな価値観をあたりまえと感じ、人のつながりや多様性を大切にするソー

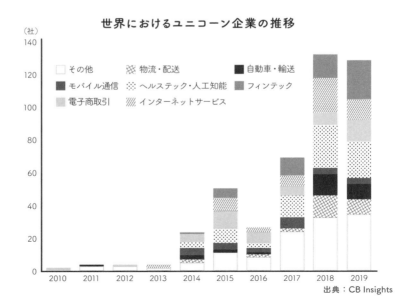

世界におけるユニコーン企業の推移

出典：CB Insights

シャルネイティブな若者たちである。

　金余りとつながりの変容の影響で、資本力やマスメディアを存在基盤とする企業や、人々から反感を買う企業の衰退がはじまった。企業はクチコミをコントロールできず、正面から直視する必要性に迫られた。逆に、人や環境にやさしい企業、製品サービスを通じてファンとの深い信頼関係を構築した企業にとって、顧客はかけがえのないパートナーとなった。環境保護に取り組むパタゴニア、顧客に感動を届けるザッポスといった「共感する組織」にとっては追い風に、ブラック企業にとっては厳しい逆風となってゆく。

　ソーシャルシフトとデジタルシフトは相乗効果となり、未上場ながら時価総額1000億円を超える「ユニコーン」が続々と登場してきた。イノベーションパワーを強みに、大企業から新興企業に、経済の主役がシフトしつつある。

資本とつながりのパラダイムシフト

個人主義。
市場原理主義。
がんばったものが報われる

無理は破綻を招く。
人がつながり、
持続可能な価値を生む

「ライフシフト」で、一人ひとりの生き方が変わった
～2020年以降

　2020年3月11日、WHO（世界保健機関）は、新型コロナウイルスのパンデミックを宣言する。4月7日には日本でも「緊急事態宣言」が発令され、人と人との交流が断たれる未曾有の災禍となった。このコロナ禍は、約100年前に感染者5億人、推定死者4000万人を出したスペイン風邪以来のパンデミックであり、国連事務総長をして「第2次世界大戦以来、最大の試練」と言わしめた。多くの国家がロックダウンを実施して人の流れを分断したため、極めて深刻な負の経済インパクトをもたらした。IMF（国際通貨基金）によると、2020年の経済成長率は▲3.5%となる。この数字は、世界金融危機が起きた2009年の▲0.1%を大きく上回るもので、世界恐慌以来、最悪のマイナス成長となった。

緊急事態宣言後の在宅勤務状況

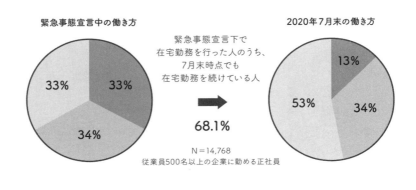

緊急事態宣言中の働き方

33%　33%
34%

緊急事態宣言下で
在宅勤務を行った人のうち、
7月末時点でも
在宅勤務を続けている人

➡

68.1%

N＝14,768
従業員500名以上の企業に勤める正社員

2020年7月末の働き方

13%
53%　34%

■ 在宅勤務を原則　　■ 在宅勤務×出社勤務　　□ 出社勤務を原則

出典：NRI「在宅勤務活用による働き方・暮らし方の変化に関する調査」

リアルな交流が激減した一方で、オンライン空間の交流が激増し、ビジネスの明暗が大きくわかれた。規制が緩和されれば消費の回復が見込めるものも多いが、社会の基盤を変えた不可逆的な変化もある。その代表格はウェブ会議サービスの浸透だろう。トップシェアのZoomは2019年12月に1000万人だったユーザーが、5ヶ月で30倍となる3億人にまで増えた。日本国内ではさらに顕著で2020年1月からの4ヶ月間で63倍に増加している。

その背景にあるものは、社会人の約7割が経験した在宅勤務である。人々は必要に迫られて、働く場所を仮想空間に一気にシフトした。ネット上に素顔をさらして対話するという高いハードルを、コロナ禍が半ば強制的に乗り越えさせたのだ。この経験がコミュニケーションの既成概念を根底から変えてしまった。テキストメッセージでは届かない、非言語情報がいかに大切かをあらためて認識した人も多いはずだ。この危機から人類が得た新しい学びだった。

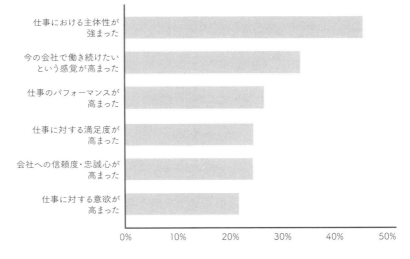

在宅勤務に対する意識調査

仕事における主体性が強まった
今の会社で働き続けたいという感覚が高まった
仕事のパフォーマンスが高まった
仕事に対する満足度が高まった
会社への信頼度・忠誠心が高まった
仕事に対する意欲が高まった

0%　10%　20%　30%　40%　50%

出典：NRI「在宅勤務活用による働き方・暮らし方の変化に関する調査」

　コロナショックは時計の針を一気に加速させ、人々はいつでもどこでも、オンラインで気軽に対話するようになった。多くの職場がハイブリッドワークにシフトし、二拠点や地方で生活するデュアルライフの意向者も急増している。働き方を超えて、生き方が変わってきたのだ。この予期せぬ革新によって、世界は大きく変わることになるだろう。「コロナショック」という危機と「ウェブ会議」というイノベーションが創出した、生き方のパラダイムシフト「ライフシフト」である。会社に出勤し、上司の指示に従い、時間に追われて仕事をする。そんな当たり前から解放された社員は、職場や仕事をあらためて見つめ直す機会を得た。また、職場と家庭の境界があいまいになったことも大きい。

「私は、なんのために仕事をしているんだろう」
「僕たちの組織は、なんのために存在しているんだろう」

　これまで深く考えたこともない本質的な疑問に向き合うことで、人々は

コロナ前とコロナ後 働く価値観の変化

❶ 能力発揮
成果創出主義
から
人の役に立つ
自分らしさ

❷ 会社の忠誠心↗
かつ、
副業・起業への経験意欲↗

❸ 将来のありたい姿を
再定義しはじめている

❹ 将来への不安は高いものの、
人生の充実度は高い

出典：JMAM「新型コロナによるビジネスパーソンの意識・行動変化に関する調査結果」

主体性に目覚めてきた。新しい働き方や生き方のヒントを感じとった人たちは、この学びを現実に活かそうと動き出す。すると、以前の状態に戻そうとする人たちとの間に価値観の隔たりがあることに気づきはじめた。これまでの「組織に従属し、ライフとワークのバランスをとる生き方」ではなく「選択肢を広げ、学び続ける、ライフもワークも楽しむ生き方」を目指すようになったのだ。

　主体性をとりもどした人たちは、企業が求める「自ら考えて、行動する人材」である。彼らが、以前より強く「働き方を自ら選択したい」と考えるようになった。それであれば企業も「社員を信頼してまかせればよい」としたいところだが、組織を管理するという視点に立つと、次々と難問が浮かんでくる。「本当に仕事をしているのか」「どうすれば管理できるのか」「人事評価はどうすればいいのか」。シンプルに言えば、性悪説で構築されていた既存の統制システムが機能しなくなってしまったのだ。

「自律的に動く能力のある社員」ほど「自律的に動ける組織」を望んでいる。お金から幸せや働きがいに価値観をシフトした社員と信頼関係を築くにはどうすればいいのか。主体性に目覚めた社員と向き合い、多様な生き方を大きな度量で受け入れる性善説のシステムを、ビジネスは新たに構築できるだろうか。

　ソーシャルシフトからはじまった価値観の変容が、コロナショックで一気に加速し、企業にとって、目の前にある深刻な課題になった。管理志向の強い企業、不寛容な文化を持つ企業からは、自律的に動ける人材が離れていき、自然に衰退する運命をたどってゆくだろう。一方で、社員の幸せと真剣に向きあう組織は、社員の多様性をいかに包括できるかを模索している。特に重要なのは、多様な社員一人ひとりと深いエンゲージメント（心の絆、信頼関係のこと）を築き「自走する組織」に生まれ変わることだ。管理を強める組織と、自走にチャレンジする組織。両者の差は、将来に大きな成長の隔たりをもたらすはずだ。

　この意識変革は、さらに大きな潮流につながってゆくだろう。ひとつの組織に所属することを前提とした社会から、多様な生き方を選択できる社会への変革「ライフシフト」である。提唱者であるリンダ・グラットンは、これから「教育 → 仕事 → 引退」という固定的な流れが崩れて「マルチステージ」の時代が訪れるとし、生涯にわたって変身し続ける覚悟が必要だと問題提起した。その背景にあるのは、ヘルスケア・テクノロジーの高度化がもたらす、急激な長寿化だ。

　国連の調査によれば、2050年までに日本の100歳以上の人口は100万人を超え、2007年に生まれた子どもの半分は107歳以上生きると予想されている。平均寿命が100年を超え、マルチステージ化する世界では、長く多様な人生の楽しみを享受するために、何度も新しい環境に移行するための能力やスキルを求められるようになる。あわせて、年齢とステージが一致しなくなるために、世代を超えた交流が活発になってゆく。そこで求めら

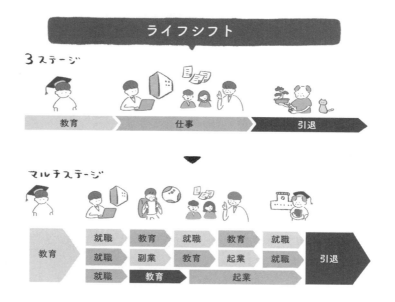

れるものは、文字通り、人生に対する新しいパラダイムだ。何歳になって
も、新しい知識や思考様式を獲得し、多様な世代と深く理解しあう。ゼロ
ベースで世界に関わり、価値を生み出すような生き方である。

　マルチステージに適応するためには、新しい役割にあわせて、自分自身
のライフスタイルを築くための投資も必要となる。そのために、生涯を通
じた学び、リカレント教育がクローズアップされてきた。自らの成長と変
身を支援する「生涯を通じたラーニング・コミュニティ」が、家族・職場
に続く、第三の社会基盤となるだろう。「何を大切に生きるのか」という
問いに正面から向きあい、天職を探してチャレンジし続ける。コロナショッ
クは、そのような新しい生き方、ライフシフトを僕たちに提示したのだ。

多様性と包括のパラダイムシフト

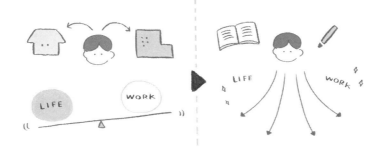

組織に従属し、
ライフと**ワーク**の
バランスをとる生き方を目指す

選択肢を広げ、学び続ける。
ライフも**ワーク**も
楽しむ生き方を目指す

03 僕たちは、幸せ視点を求めている

社会は、工業社会から知識社会へ

　これまでの学びをまとめてみよう。産業革命が生み出したものが「工業社会」だとすると、情報革命が創り出したものは「知識社会」である。コンピュータが登場してから約75年、その影響力は指数関数的に強まり続け、人類の裏方として社会や経済を変革してきた。工業社会のキーワードは「効率化」であり、成功の鍵は「業務の標準化」にある。対して、知識社会のキーワードは「創造性」であり、成功の鍵は「斬新なアイデア」となる。ピーター・ドラッカーは、著書『ポスト資本主義社会』で、この変化の本質を洞察した。

　「20世紀の企業における最も価値ある資産は生産設備だった。他方、21世紀の組織における最も価値ある資産は、知識労働者であり、彼らの生産

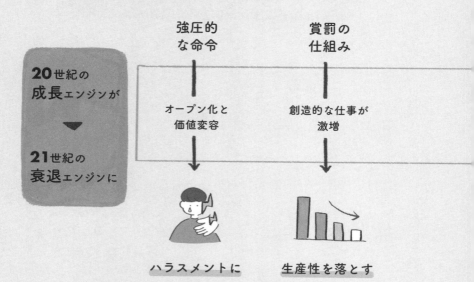

| 20世紀の成長エンジンが ▼ 21世紀の衰退エンジンに | 強圧的な命令 → オープン化と価値変容 → ハラスメントに | 賞罰の仕組み → 創造的な仕事が激増 → 生産性を落とす |

性である。20世紀の偉業は、製造業における肉体労働の生産性を50倍に上げたことである。続く21世紀に期待される偉業は、知識労働の生産性を、同じように大幅に上げることである」

新世紀を迎えて「インターネットの時代」に入り、僕たちは短期間に3つのパラダイムシフトを経験する。いずれも、それまでの常識をくつがえすものであり、ビジネス界に大胆な変革を促した。工業社会の覇者として君臨していた大規模な組織にとって、これは天変地異のごとき衝撃をもたらすだろう。これまで「成長エンジン」と考えられていた成功の方程式が、21世紀においてはことごとく「衰退エンジン」に変わってしまったからだ。

新興企業は、ゼロベースから構築され、時代にあわせて経営システムを変革している。そのため、旧来型の組織と比較して、優位性が際立つようになってきた。柔軟さとスピード感の違いは、文字通り桁違いだ。変革ができず、これからも工業社会の古いパラダイムをひきずる企業には、厳しい未来が待ち受けているだろう。

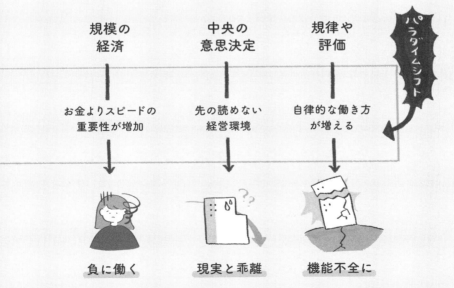

組織は、お金視点から幸せ視点へ

　価値を生む源泉が、効率性から創造性にシフトし、機械ではなく人間がビジネスの主役となった。働く人だけではなく、買う人も同じだ。成熟した社会の中で、人々の関心は、機能価値から情緒価値にシフトしてゆく。視点を広げると、問題はより深刻になる。行き過ぎた資本主義が、自然環境を破壊し、富の二極化を生んだからだ。このままでは人類が破局に向かうことを、若い世代は直感的に感じ取っている。

　社会システム全体に、人間性の回帰の流れがはじまっているのだ。人々が「お金」で動く時代は終わり、より高次の欲求である「幸せ」に向かいはじめた。その流れを受けて、ビジネスは大きな転換期を迎えている。シンプルに言えば「お金視点」で構築された経営システムを「幸せ視点」にアップデートし、新しい価値を生み出していくことが求められているのだ。

　江戸時代から続く日本の商習慣に「三方よし〜売り手よし、買い手よし、世間よし」の思想がある。近年、マイケル・ポーターが提唱したCSV（Creating Shared Value、社会との共通価値の創造）と概念が近いことで注目されている考え方だ。「インターネットの時代」において、人々が企業に求めているのは「人々に心から愛され、環境や社会に融合し、持続可能な繁栄に貢献できる存在になること」である。

　また、これはビジネスにとどまる話ではない。3つのシフトは、僕たち一人ひとりに「新しい生き方」を促しており、その意味を理解することは、未来への羅針盤ともなるだろう。平均寿命100年となる時代を目前にして、すべての人が「学び、つながり、成長し続ける人生を享受する」ために、社会システム全体が転機を迎えているのだ。

最後に、3つのパラダイムシフトがうながした「知識社会にふさわしい組織像」を、シンプルな言葉にまとめて、次の章にバトンを継ぎたい。

- デジタルシフト：顧客の幸せを探求し、常に新しい価値を生み出す「学習する組織」
- ソーシャルシフト：社会の幸せを探求し、持続可能な繁栄をわかちあう「共感する組織」
- ライフシフト：社員の幸せを探求し、多様な人が自走して協働する「自走する組織」

インターネットの時代、3つのパラダイムシフト

	デジタルシフト	ソーシャルシフト	ライフシフト
開始年	1991〜	2008〜	2020〜
変容したもの	事業のルール（場所と情報）	関係性（資本とつながり）	生き方（多様性と包括）
新しい価値観	アイデアだけで起業できる	持続可能な繁栄をわかちあう	多様な生き方を受けいれる
繁栄するカギ	技術とスピード	共感と信頼	自律と対話
衰退する企業	既得権益に頼る企業	強欲な企業	統制する企業
求められる組織	学習する組織	共感する組織	自走する組織
幸せの視点	顧客の幸せ	社会の幸せ	社員の幸せ

一頭の狼に率いられた百頭の羊は、
一頭の羊に率いられた百頭の狼にまさる。

ナポレオンの名言だ。羊に率いられた狼は、まとまらずにばらばらと行動し、散ってしまう。見事な指揮に陶酔し、死をも恐れぬ羊の群れが戦いに勝つという意味だ。

古今東西、これこそが組織であった。『孫子の兵法』にはじまり、マキアヴェリ、クラウゼヴィッツ、「20世紀最高の経営者」といわれたジャック・ウェルチに至るまで、組織経営の基本は「トップダウンで、いかに一糸乱れぬ統制をとるか」という視点で語られていた。

今、情報革命により、この何千年と続いた伝統的な概念に、パラダイムシフトが訪れようとしている。テクノロジーによって、羊たちは緊密に交流し、常に学習できるようになった。全体で戦略を持ちながら、個々の戦いで連帯し、最善の戦術を用いて、一匹の狼が率いる軍団をも撃破できるようになったのだ。

この革命的な変化は、当然、ビジネスの世界でも起こっている。それはどのようなものだろうか。理想の組織像はどう変化したのだろうか。そのために、僕たちはなにを学べばいいのだろうか。この章では「新しい組織」と「新しいリーダーのあり方」を探っていこう。

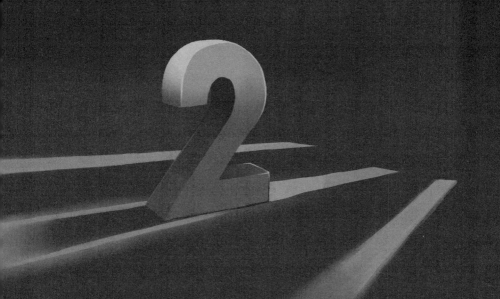

これからの組織は、「統制」から「自走」へ

～ 僕たちが目指す、理想の組織とリーダー

2

21世紀のマネジメントは「数字」から「人」へ

経営学の権威が提言した「既存モデルの限界」

2008年5月、リーマンショックが起こる4ヶ月前のこと。米国のハーフムーンベイに経営学の頭脳が集結した。経営学界からは、ヘンリー・ミンツバーグ、ピーター・センゲ、C.K.プラハラード、ゲイリー・ハメルら、また実業界からは、テリ・ケリー（W・L・ゴア）、ヴィニート・ナイア（HCL）、ジョン・マッキー（ホールフーズ）ら、世界的な権威をもつ経営思想家とビジネスリーダー36名が一堂に会したのだ。

目的は、21世紀のマネジメントを再定義するための道標を打ちだすことだ。会議は熱気を帯び、時に激しい意見の対立もあったが、最終的に3つの総括と、25の課題を提起した。その総括では、驚くほど強い言葉が使われた。「とんでもなく時代遅れなマネジメントモデル」とは、20世紀初頭にフレデリック・テーラーが開発した「科学的管理法」を指している。

参考資料

「マネジメントを再定義する会議」での提言

第一に、マネジメント（経営資源を動員して何かを達成するためのツール・手法）とは、人類にとって最も重要な社会工学のひとつであること。

第二に、ほとんどの大企業で見られるマネジメントモデルはとんでもなく時代遅れである。このモデルは19世紀にひとつの重大な問題（熟練ではない人間に同じ作業を繰り返しさせながら、完全な再現性と効率の向上を維持するにはどうすれ

ばよいか）を解決するために生み出された。これは今日でも重要なことかもしれないが、現在の企業が最優先すべき課題ではないということ。

第三に、僕たちは大企業がもっと適応力を持ち、革新的となり、魅力的な職場となるように、マネジメントを根本から再定義しなければならない。つまり、組織をより人間味あるものにする。

出典：ゲイリー・ハメル『経営は何をすべきか』／ハーバード・ビジネス・レビュー「マネジメント2.0」

業務を標準化し、管理専門の人材をおき、仕事を計画・統制する。科学的管理法は経営学の原点と呼ばれ、「戦後の復興期」における大量生産を支えた考え方だ。例えば、1900年ベスレヘム・スチール社による「ショベル作業の研究」事例では、一人あたりの生産性が3.7倍、賃金が63％向上するなど、工場の業務効率化に著しい成果をあげた。1970年以降の不確実な時代においても、コンサルティングファームが主導する戦略的経営に進化し、その影響力はカタチを変えて広まっていった。

同会議で非難された「古い経営モデル」とは、人の心を軽視した「数字重視の経営手法」のことだ。このような管理手法は「手続きが決まった作業」や「正解がある問題」には効果的だが、100年前とは経営環境が大きく変わり、仕事も高度化したために、経営における優先度が落ちてきたのだ。知識社会において、より重要なのは「人間的で、クリエイティブな経営モデル」である。これがこの会議の総括となり、具体的な「25の課題」も提起された。主催したゲイリー・ハメルは、それを六つの視点でサマリーしている。

会議で提唱された「21世紀への提言」

① 志を改める
富の最大化から脱却し、
価値創造を目的とし、
市民参画の自覚を持つ

② 能力を解き放つ
管理手法を刷新し、
多様性を高め、信頼を高め、
創造性を解き放つ

③ 再生を促す
トップダウンの戦略立案を
見直し、参加型手法を用い、
創発を促す

④ 権限を分散させる
意思決定から政治を排除し、
自然発生で柔軟な仕組みを
つくる

⑤ 調和を追求する
大局観のもと、
長期的なビジョンを見据えて
マネジメントを行う

⑥ 発想を変える
論理に偏らず、
イノベーション手法を学び、
社内外の叡智を集める

出典：ゲイリー・ハメル『経営は何をすべきか』/ ハーバード・ビジネス・レビュー「マネジメント2.0」

とんでもなく時代遅れなマネジメントモデル

　ほとんどの大企業で見られる、「とんでもなく時代遅れなマネジメントモデル」とはどんなものか、イメージを共有するために具体的なビジネス・シーンを想定してみよう。

　右ページにあるのは、戦略・予算・KPIと、数値達成にしばられた企業にありがちな、重苦しい日常のシーンだ。この現実を「21世紀への提言」に対応させ、課題を明確にしてみよう。

- 「志 を 改 め る」：志や価値観が共有されていないため、現場の最優先事項は数字づくりになっている
- 「能力を解き放つ」：短期の成果が評価基準になっており、メンバーの創造性や部門間の信頼を削いでいる
- 「再 生 を 促 す」：現場には改善すべき点が数多くあるが、顧客よりも社内マターが優先されている
- 「権限を分散させる」：縦割り組織や複雑な手続きが、意思決定の柔軟さやスピードを著しく劣化させている
- 「調和を追求する」：部門は成果で評価されるので、全社利益より部門利益が優先される
- 「発 想 を 変 え る」：数字をあげることに精一杯で、新しい発想やイノベーションを考える余裕がない

　なぜ、こんなにも非合理なことが、いまだに日常の風景になっている企業が多いのか。新しい組織を考える前に、この問題の本質を深く探ってみよう。

シーン1
とんでもなく時代遅れなマネジメントモデル

営業会議から課長が戻ってきた。予算の未達に対しての厳しい指摘をされたのだろう。最近、課長はいつも疲れた表情だ。数字達成への圧力で、職場の空気は重くなり、クリエイティブな会話も途絶えがちだ。

しかも弱り目に祟り目で、現場ではサービスへのクレーム対応に追われていた。複数部門にまたがる内容で、簡単なことなのに改善できない。ふだんは穏やかなメンバーもストレスで目がつりあがっている。

近年、広告の反応は目に見えて落ちており、新規顧客も先細りする一方だ。このまま大幅な未達で終わってしまうのか。いやいや、そんなことじゃだめだ。結果がすべて。それが会社の方針だ。余計なことを考えず、無理をしてでも数字をつくる。それが仕事なのだ。

本当に大切なものは、目に見えない

　問題の原点には「計画し、計測・分析し、数値改善を図ることが経営である」という工業社会のパラダイムがある。この考え方は機械的な仕事に対しては非常に効果的だったが、斬新なアイデアが価値を生む知識社会では、創造性や生産性を落としてしまい、逆効果となってしまう。これは理論を知らずとも、誰もが体感していることだろう。にもかかわらず、過去の成功体験から、今も「工業社会の管理方法」によって成果があがると考えてしまうのだ。

　管理職の人たちに問題があるのだろうか。決してそんなことはないだろう。組織から与えられた仕事であり、良かれと思って業績管理をしているだけだ。組織を離れれば、心優しいひとりの人間である。ではなぜ、このような矛盾が起きてしまうのか。物理学者であり、哲学者でもあるデビッ

用語　解説

デビッド・ボーム

デビッド・ボーム (1917-1992) は米国の物理学者である。量子力学や相対性理論において顕著な業績をあげ、ボーム拡散と呼ばれる電子現象を発見した。また、インドの宗教的哲人ジッドゥ・クリシュナムルティの説く概念が、彼の量子論と見事に符合することに感銘を受け、長きにわたり親友となる。後年ダイアローグの概念を提唱、現代社会の孤立や断片化を克服する助けになると考えた。彼の世界観に大きな影響を与えたのは、アインシュタインとクリシュナムルティである。

ド・ボームは、著書『ダイアローグ』で「思考が世界をつくっているが、人はそれに気づかない」と警鐘をならした。人の思考から組織は生まれるが、いつしかその手を離れ、組織が人を囚人のように拘束してしまう。組織は魔物なのだ。

例えば、経営者の方針に従って経営企画室が予算をつくる。すると予算が独り歩きしはじめ、すべての人が予算に拘束されるようになる。予算の前提としていた経営環境は常に変化しているにもかかわらず、変化よりも予算達成が優先され、公平性の旗のもとで例外は認められなくなる。「思考停止」とも揶揄される現象である。人の思考はあらゆるものを「断片化」し、理解しやすい「断片」に注目する癖を持っている。思考は「機能と意味」を分離し、「機能」に焦点をあてる。「物質と精神」を乖離させ、目に見える「物質」を優先させる。その結果、お金や数字が人を支配していく。

サン＝テグジュペリの名作『星の王子さま』の中で、キツネが教えてくれる「秘密」は、物質や数字に囚われた僕たちに深い示唆を与えてくれる。

ものごとはね、心で見なくてはよく見えない。
いちばんたいせつなことは、目に見えないんだ。

機械やロボットは、人の手足を代替して「工業社会」を支えた。コンピュータは、人の記憶や計算能力を代替して「知識社会」に導いた。今、人間に残された価値は「暗黙知」であり「感性」であり「意志」である。これらを数値化することは極めて困難であり、かつ求めると逃げてしまう特性を持っている。「見えないもの」を深く理解できないと、人の心は動かない。組織は機能しない。今こそ、マネジメントは人間性に回帰すべきなのだ。

02　僕たちが目指したい、3つの組織

知識社会における、3つの組織モデル

「新しいパラダイムの組織」とはどのようなものか。ここで、第1章で提示した、3つのパラダイムシフトをリマインドしたい。

- デジタルシフト：顧客の幸せを探求し、常に新しい価値を生み出す「学習する組織」
- ソーシャルシフト：社会の幸せを探求し、持続可能な繁栄をわかちあう「共感する組織」
- ライフシフト：社員の幸せを探求し、多様な人が自走して協働する「自走する組織」

参考まで、この新しい3つの組織像は43ページで紹介した「21世紀への提言」を実現する施策として、明確に対応させることができる。

- 学習する組織：③ 再生を促す、⑥ 発想を変える
- 共感する組織：① 志を改める、⑤ 調和を追求する
- 自走する組織：② 能力を解き放つ、④ 権限を分散させる

学習し、共感し、自走する組織とは、具体的にどんなものだろう。今の組織と何が違うのか。現実のビジネスシーンを想起しながら、新しい時代の組織のあり方を明らかにしていこう。

新しいパラダイムの組織

学習する組織
顧客の幸せを追求し、常に新しい価値を生み出す

デジタルシフト

共感する組織
社会の幸せを探求し、持続可能な繁栄をわかちあう

ソーシャルシフト

自走する組織
社員の幸せを探求し、多様な人が自走して協働する

ライフシフト

① 環境から学び続ける「学習する組織」

　はじめに「学習する組織」とはどのようなものか、「古いパラダイムの組織」と対比したビジネスシーンで、この抽象的な言葉のイメージを共有しよう。

　右ページの例のように、「硬直化した組織」は、部門単位の短期業績目標を持つことで、部門間の関わりが希薄となり、縦割り化していった組織のことだ。失ったものは、部門を超えた課題の解決能力や学習能力である。経営者が「部門間で協力しろ！」と叫んでも問題は解決しない。組織が学習する仕組みを持っていないからだ。

　一方で53ページの例のような「学習する組織」は短期的な成果をあげることより、絶えず変化する「環境からの学習」を優先する組織である。この実現のためには、以下のような点の変革が必要となるだろう。

- 構造の変革：顧客視点の組織設計・スピード重視のシンプルな構造
- 交流の変革：全社で知識を共有するプラットフォームとコミュニティ
- 意識の変革：学習優先の価値観・対話の場づくりの技術

「硬直化した組織」を「学習する組織」にシフトするためには、社内の構造や交流の変革が必要だが、トップダウンでそれらを導入しただけではほとんど機能しないだろう。今、なぜ学習する組織を目指すのか、その必要性を理解できないままに指示されても、心が動かないからだ。つまり、ここで難易度が高いのは「硬直化した組織」に慣れているメンバーの思考を「学習する組織」に切り替えるための、メンタルモデルの変革である。

シーン2
硬直化した組織

顧客からサービスへの要望が入った。私たちの課は予算未達のため、現場での意識がどうしても新規顧客開拓に向いてしまいがちだ。内容を確認すると、要望内容は顧客からすればもっともなもので、さほど大きな手間をかけることなく改善できる内容だった。

しかし、問題は他部門の管轄と重なることだ。稟議書を回すだけでも一手間で、どうしても後回しになってしまう。先延ばししているうちに、顧客の怒りに火がついてしまった。仕事が山積みで、対応している余裕がない。上司と相談して、クレームとして処理することに決まり、お客さま対応部門にバトンタッチすることになった。

まだ当社が小さかった頃は、顧客の声を大切にしていたのに、いつしか分業が進み、仕事の優先度が変わった気がする。残念だが仕方がない。数字づくりに専念しよう。

テクノロジーの進化で、現在の経営環境はVUCA——Volatility（変動性）・Uncertainty（不確実性）・Complexity（複雑性）、Ambiguity（曖昧性）——と呼ばれる、まったく先が読めない、正解を計算できない時代に入っている。この環境下で立てた事業計画は、砂上の楼閣に過ぎない。ただし、計画すること自体を否定しているのではない。重要なのは、計画より環境変化に力点をおいた経営をすること。計画は「実行されるべきもの」ではなく「絶え間ない環境変化を知覚する、学習のためのアンテナ」と捉え直すこと。「予算の達成」よりも「予算との差異からの学び」に注目することだ。

トップからボトムまでが「結果よりも、学習を優先する価値観」を共有できるだろうか。業績がいい時はもちろんのこと、厳しい時こそ、その一貫性を保つことが大切である。ピンチはチャンスである。危機こそ学習と成長の機会として捉えることだ。厳しい時に数字主義に切り替えるようであれば、メンバーは信念の不在を見抜くだろう。また、問題を発見しただけでは完結しない。それを創造的なアイデアで解決するためには、問題の

予測不能な現代の社会経済環境の状態をあらわす「VUCA」

状況を知っているか？

既知 ← → 未知

予測可能

行動の結果を予測できるか？

予測不能

| 変動（Volatile）
状況不安定、期間不明、
対応の知識がある | 複雑（Complex）
多くの要因が相互依存、
一定の情報があり予測可能 |
| 不確実（Uncertain）
状況の因果関係は明確、
対応効果の変動がありうる | 曖昧（Ambiguous）
因果関係がまったく不明、
先例もなく方策がわからない |

出典：チェット・リチャーズ『OODA LOOP』

シーン3
学習する組織

顧客からサービスに対する要望が入った。当社では「問題は学習の機会である」という文化が徹底しており、それが理由でメンバーの責任が追及されることはない。だから安心して解決に取り組めるのだ。

この件では直ちにサービス部門と協議し、応急措置と改善アクションが決まった。社内では、知識共有のためのプラットフォームがあり、社員であれば誰でもオープンにアクセスできる。

現場への権限移譲が進んだことで社員の満足度が高まった。顧客の声をサービスや組織改善に活かすことで顧客の満足度も高まり、競合他社を上回る成果に結びついている。

真因を見抜き、本質的な解決に導くための思考が必要だ。

　しかし、現実とは常に正解のない極めて複雑なものであり、知識や技術で解決できる問題より、組織や人間の間で生じるやっかいな問題のほうがはるかに多い。「立場や価値観の違いから意見が対立する」「メンバーの意識がバラバラで一体感がない」「リーダーの方針通りに動いてくれない人がいる」など、働く人が抱えている問題の多くは「人の悩み」なのだ。

　これを根本的に解決するためには、対話の大切さを理解し、本音で話せる場をつくり、問題を解決に導くためのコミュニケーション技術を学ぶことだ。

　さらに「学習する」という能動的な行動を促すエネルギーも重要だ。考えることに不慣れなメンバーを支援し、コラボレーションを促し、組織が目指す成果に導くための原動力となるリーダー。統制して導く管理者では

VUCA時代に適応する「OODAループ」

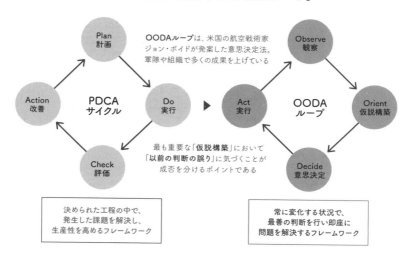

OODAループは、米国の航空戦術家ジョン・ボイドが発案した意思決定法。軍隊や組織で多くの成果を上げている

最も重要な「仮説構築」において「以前の判断の誤り」に気づくことが成否を分けるポイントである

決められた工程の中で、発生した課題を解決し、生産性を高めるフレームワーク

常に変化する状況で、最善の判断を行い即座に問題を解決するフレームワーク

出典：チェット・リチャーズ『OODA LOOP』

ない。むしろ統制を手放し、奉仕しながら導くサーバント・リーダーが必要となる。この概念は1970年にロバート・グリーンリーフが提唱したもので、ピーター・センゲも「学習する組織」には「サーバント・リーダーシップ」が重要だとし、推奨している。

サーバント・リーダーシップの特性

	支配型リーダー	サーバント・リーダー
モチベーション	大きな権力の座につきたい	地位にかかわらず、他者に奉仕したい
重視すること	競争を勝ち抜き、自分が賞賛される	協力して目標達成し、皆がウィンウィンとなる
部下への影響力の持ち方	権力を使い、部下を畏怖させる	信頼関係を築き、部下の自主性を尊重する
コミュニケーション方法	部下に対し、説明し、命令する	部下の話を傾聴する
業務遂行方法	自身の能力を磨き、その自信を元に指示する	コーチング、メンタリングから部下と共に学ぶ
成長への考え方	社内でうまく立ち回り、自身の地位をあげる	個人のやる気を重視し、組織の成長と調和させる
責任への考え方	失敗した際に、その人を罰するためのものである	役割を明確にし、失敗から学ぶ環境をつくる

サーバント・リーダーシップは、米国のロバート・グリーンリーフ博士が提唱したリーダーシップのあり方。「リーダーはまず相手に奉仕し、その後に相手を導くものである」という考え方に基づくものである。

出典：ロバート・グリーンリーフ『サーバント・リーダーシップ』

② 社会とのつながりを大切にする「共感する組織」

続いて「共感する組織」とはどのようなものか、やはり具体的なビジネスシーンでイメージを共有することからはじめよう。

右ページの例のような「警戒する組織」は、組織に属するメンバーの意識が、顧客ではなく社内に向く組織。顧客の気持ちよりも上司の気持ち。顧客の価値よりも社内の評価。チャレンジよりもリスクゼロ。過剰な警戒心を持つようになった組織のことだ。失ったものは、顧客への貢献意識、率直で人間的な風土である。

一方で59ページの例のような「共感する組織」は過剰な警戒心の罠に陥ることなく、顧客や社会との「共感や信頼」を優先する組織である。この実現のためには、以下のような点の変革が必要となるだろう。

- 構造の変革：パーパスを核とした経営システム・現場への権限移譲
- 交流の変革：顧客と対話できるコミュニティ・ソーシャルメディア
- 意識の変革：率直で人間的な価値観・意味を共有する技術

「警戒する組織」を「共感する組織」にシフトするためには、社内の構造や交流の変革が必要だが、「学習する組織」の場合と同じく、それらを導入しただけではほとんど機能しないだろう。より重要で時間がかかるのは、「警戒する組織」特有のメンバーの思考を「共感する組織」に切り替えるための、メンタルモデルの変革である。

まずは「過剰な警戒心」や「リスクゼロを求める思考」が、実は大きな危機や組織の閉塞感を生み出していることを自覚することが原点だろう。そこからはじめて、リーダー自らが人間的な感性をとりもどすこと。顧客や社会が求めているのは「守りに徹する官僚的な答弁」でなく「率直で人間的な対話」であることに気づくことだ。リーダーが変われば、メンバーの

シーン4
警戒する組織

ツイッターに自社サービスへのクレームが投稿された。自社サービスへの投稿をウォッチしていなかったために発見が遅れ、すでにプチ炎上している状態だった。

ソーシャルメディア担当は、炎上への対応を上司と相談したが、リスクを重視し、広報部門と連携して対応することになった。結局、丸一日放置した上で、責任回避とも取られかねないコメントを投稿することになり、ツイッターは大荒れの様相を呈してきた。社内は前例のない事態に騒然とし、臨時役員会を開催した上で、社としての正式見解をプレスリリースすることになった。が、玉虫色のメッセージと官僚的な文面にはまったく人間性が感じられず、人々の怒りに油を注ぐことになる。

結果として、企業のブランドイメージは大きく傷つくことになった。社内ではこの件に関与した担当部門の評価に傷がつき、責任者は異動になった。この経験は「今後、ソーシャルメディアの監視体制を強める」という応急的な対策のみで決着することになった。

心は穏やかさをとりもどし、組織に人間性が回帰してくる。

　リスクゼロ思考が染みついた企業で働く人たちは、「率直で人間的な対話は非常に難しい」と感じることが多いが、それは大きな勘違いで、実は容易なことである。「新しい技術」を身につけることではなく「素のまんまの自分」に戻るということだからだ。ビジネス特有の仮面をはずして、個々のメンバーが持つ人間性を、飾らずにそのまま出す。裏表のない正直さ、誠実さこそが、社員・顧客・社会との信頼関係の礎になるものだ。戦略思考で失った人間性をとりもどすこと。ここが「共感する組織」の一丁目一番地である。

　より根源的な問題として「組織は何のために存在しているのか」というパーパスを共有することも大切だ。経済的な戦略よりも、パーパスを上位におき、その考え方を社内に浸透させることだ。朝礼で理念を唱えながら、その後の営業会議で予算必達を叫ぶ、不誠実なスタイルは変えなければいけない。信頼を築くには時間がかかるが、壊すのは一瞬である。パーパスに対する一貫性こそ、この問題の根幹にあるものである。

　また、率直でオープンな社内文化をつくるためには、従来とは異なるリーダーシップ・スタイルが必要になる。メドトロニック前CEOで、経営学教授でもあったビル・ジョージが提唱した「オーセンティック・リーダーシップ」に注目したい。彼が提示したのは、自分自身の価値観や信念に正直になり、思いと発言、行動に一貫性を持ち、自身の弱みも含めて自分らしさを大切にするリーダー像である。

シーン5
共感する組織

ツイッターに自社サービスへのクレームが投稿された。他のユーザーは、その投稿に対して、おもしろ半分にコメントをつけはじめている。

ソーシャルメディア担当は「ミッションとバリュー」にしたがって、臨機応変な対応をとれるよう権限が移譲されており、すぐにクレームを投稿したユーザーと、ツイッター上でオープンに対話をはじめた。まずはユーザーの気持ちを受け止め、率直な言葉で謝意をあらわす。そのうえで、応急対応と本質的な改善について、わかる範囲でコメントした。ひとりの人間として、クレームを入れたユーザーと対峙したのだ。ユーザーは対話によって安心し、ブランドへの共感のツイートも広がった。

この経験をもとに、顧客と社員がより人間的に対話する場を広げるために、ユーザー・コミュニティも開設することになった。社内で共有する一貫した企業哲学が、対話や行動を通じて社会に伝わったことで、ブランドイメージも自然に高まってきた。

③メンバーが自ら考え、共創する「自走する組織」

　最後に「自走する組織」とはどのようなものか、やはり具体的なビジネスシーンの対比で、イメージを共有することからはじめよう。「自走する組織」とは、社員が自ら考え、協働し、成果を生む組織のことであり、その対照にあるのは「統制する組織」である。しかし、統制する組織については、すでに「シーン1・シーン2・シーン4」で言及している。

　そのため、ここでは「自走する組織」とは似て異なる組織として「自由放任の組織」をとりあげ、その対比で「自走する組織」のイメージを明確にしてみたい。

　右ページの例のように中央統制していた組織が管理や統制を弱めると、多くの場合は「自由放任の組織」になってしまう。上司が、コントロールを手放して部下を導いた経験がないからだ。上司の指示がなくなると、受け身で仕事をしていた社員は迷い、何をしていいかわからなくなってしまう。その結果、仕事の密度が薄まり、組織は生産性を落としていくことになる。同時に、コミュニケーションが減少することで心のつながりも絶たれてゆき、帰属意識が薄れてしまう。権限移譲すれば、それで解決というわけではない。自由な組織が自走するためには、上司の指示に変わる「自走する仕組み」が必要になるのだ。

　自走する組織は「リーダーの指示」によって動く組織ではなく、社員自らが考え、メンバーと緊密にコミュニケーションをとりながら、価値を生み出す組織である。自走の鍵となるのは「自律と対話」だ。この実現のためには、以下のような点の変革が必要となるだろう。

- 構造の変革：内発性を重んじた人事システム・多様な社内ネットワーク
- 交流の変革：社内外の人をつなぐビデオ会議や交流プラットフォーム
- 意識の変革：自律行動を重視する価値観、動機づけの技術

シーン6
自由放任の組織

コロナ禍で、ほとんどの社員が在宅勤務を経験した。社員からは在宅勤務の継続を求める声が多く、オフィス費用も削減できるため、その後も在宅勤務を奨励する経営方針となった。同時に、管理職の数も減らし、働く場所も自分で選択できる環境になった。

私個人は意欲が高まったが、サボりがちなメンバーも多い。顔をあわせる機会が減り、管理者の目も届かなくなったので、組織の生産性には負の影響が多いと感じる。トラブルや例外処理への対応も個人差が大きく、部門間コミュニケーションも取りにくいために、顧客が不満を感じるケースが増えた。

職場への帰属意識が薄れるにつれて、数値目標に直結しない仕事には無関心な組織になってしまったようだ。これは組織といえるのだろうか。そういう私自身も、このままこの会社に勤めていいのか、迷いはじめている。

「統制する組織」や「自由放任の組織」を「自走する組織」にシフトするためには、社内の構造や交流の変革が必要だが、「学習する組織」「共感する組織」の場合と同じく、それらを導入しただけではほとんど機能しない。いかに情報システムが発達してもチームの主役はあくまで人間であり、メンバーの心理的なエネルギーが躍動しない組織が自ら動き出すことはないからだ。端的にいうと「しなくちゃ」という気持ちを「しよう」「したい」にシフトすること。メンバーの仕事に対するメンタルモデルの変革が必要となるのだ。

　この「自走する組織」は「新しいパラダイムの組織」の中核となるものだが、これまでに考えた「学習する組織」や「共感する組織」と比較して、難易度も格段に高いテーマである。なぜ、自走することが難しいのか。その理由は、変化や成果を感じるまでのタイムラグの長さや、自走するための障壁の高さにある。

　学習し成長することや、人と共感しあうことは、メンバー個人の幸せに直結するもので、意識を変えると、人はすぐにその効果や価値を感じることができる。しかし、自走する組織の場合、一部の人だけが自走しても、その人たちの仕事の負荷が増えてしまい、チーム内の二極化を促すことにつながってしまう。自走する組織が成立するためには、メンバー全員が動き出すことが必要なのだ。それによって、はじめて大いなる相互作用が生まれ、持続的な価値の創出に結びついていく。しかしながら、自走を妨げている原因は人によって多様であり、一筋縄ではいかない。そのため、メンバー個人の心情を理解し、積極性をとりもどすために丁寧なコミュニケーションをすることが大切になる。

　簡単にいうと、手間も時間もノウハウも必要なのだ。知識社会においては「自走する組織のメカニズム」を会得できるかどうかが、組織の盛衰をわける分岐点となるだろう。

シーン7
自走する組織

以前から、当社では働く場所も時間も自己管理だ。会社は社員を信頼し、性善説のシステムが構築されている。私たちも会社を信頼し、心のつながりを感じている。コロナ禍でも働き方に変化はほとんどない。むしろ、顧客がZoomに慣れてくれたため、移動時間が減り、生産性は向上したと感じている。

同じ場所に集まる機会は毎週月曜のチーム会議だけだが、ZoomとSlackで緊密にコミュニケーションしており、仕事に支障はない。他部門の会話にもオープンにアクセスでき、自由に交流できる。この前の顧客トラブルでは、面識のない部門間で協力し、顧客の問題を解決した。そのプロセスもオープンで、関係者はいつでも閲覧することができる。

公式な組織はあるが、コラボレーションは非常に柔軟だ。タスクごとに、リーダーは自然に選ばれ、それ以外のメンバーはフォロワーとなる。アイデア創出や意思決定メソッドを共有していることも、コラボレーションが自然に進む要因となっている。当然のことだが、社員のエンゲージメントや帰属意識は極めて高い。いい会社だと思う。

03　あるオーケストラに学ぶ、「自走する組織」

「組織」が成り立つ、3つの条件

　経営学者チェスター・バーナードは、見ず知らずの人たちが集まって「組織」が成立するためには、①相互に意思を伝達できる人々がおり、②それらの人々は行為で貢献しようとする意欲を持って、③共通の目的の達成を目指す、ことが必要であるとした。経営学の基礎となる「組織成立の三条件」である。

　ここでは、美しいメロディを演奏する組織「オーケストラ」を例としてとりあげて、組織の三条件「共通の目的」「協働の意欲」「コミュニケーション」に着目しながら、「統制する組織」と「自走する組織」のメカニズムの違いを考えてみよう。

　オーケストラは、素晴らしい音楽を演奏し、視聴者に楽しんでいただくという「共通の目的」を持つ組織で、指揮者とコンサートマスター（多くは1stヴァイオリン、以下コンマスと省略）というリーダーが存在する。指揮者は全体を統制し、各パートの演奏をまとめる。コンマスは細かい演奏を仕切る役割を持ち、二人三脚で楽団をリードする。

　各パートを受け持つメンバーは、音楽で生計をたてられることに喜びを感じるプロフェッショナルの集団である。ただし、中央統制の仕組みのために、メンバーの「協働の意欲」は、指揮者・コンマス・各パートのリーダーの個性や能力に大きく左右されることになる。

　組織内の「コミュニケーション」は、階層構造を通じて行われる。指揮者は、テンポのコントロールや各パートのタイミングを知らせ、作曲家の意図を表現に落とし込む。コンマスは、楽団員に細かな演奏のニュアンス

や弓の使い方を伝える。さらに楽器ごとのパートリーダーがそれぞれの
チームを導く。完璧な階層構造が、調和のとれた荘厳な音楽芸術を支えて
いる。

　これをビジネスの組織にあてはめると、指揮者はCEO、コンマスは
COO、パートリーダーは部門長にあたるだろう。CEOがビジョンや戦略
を考え、COOは予算編成や戦術立案、計画統制を行い、部門長が部門を
束ねてそれを実行する。トップダウンの統制システムである。

　では、オーケストラの一糸乱れぬハーモニーを「自走する組織」が演じ
ることはできるのだろうか。指揮することなく、自律的なメンバーがコラ
ボレーションして、美しい旋律を奏でることは可能なのだろうか。ここで、
世界的にも極めて珍しい「指揮者不在のオーケストラ」に注目し、その仕
組みから「自走する組織」を運営するコツを考察してみたい。

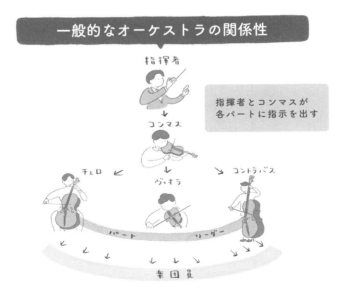

一般的なオーケストラの関係性

指揮者

指揮者とコンマスが
各パートに指示を出す

コンマス

チェロ　　　ヴィオラ　　　コントラバス

パート　リーダー

楽団員

リーダー不在のオーケストラは、なぜ自走できるのか

　そのオーケストラは「オルフェウス管弦楽団」という。米国の小編成楽団で、グラミー賞を二度も受賞した世界的なオーケストラだ。弦楽器16名、管楽器10名の組織構成で、リハーサル、演奏、レコーディングにいたるまで、一貫して「指揮者なし」で行う唯一のメジャー楽団であり、自律型演奏の先駆け的存在である。

　この楽団の最大の特徴は、固定的なリーダーがいないことだ。作品ごとに最適なリーダーが選ばれて「作品解釈の素案」をつくる。その案をもとに、メンバー全員で緊密に対話しながら演奏を構想し、完璧なハーモニーを共創する。メンバーは対等な発言権を持っており、対立があった場合はリーダーが仲裁する役割を持っている。

　彼らには「オルフェウス・プロセス」と呼ばれる8つのルールが存在し、

オルフェウス・プロセス

1. その仕事をしている人が権限を持つ
2. 演奏に自己責任を持つ
3. 役割を明確にする
4. リーダーシップを固定させない
5. 平等なチームワークを育てる
6. 話の聞き方を学び、話し方を学ぶ
7. コンセンサスを形成する
8. 職務にひたむきに献身する

出典：ハーヴェイ・セイフター、ピーター・エコノミー『オルフェウス・プロセス』

これが組織をまとめる基軸となっている。このプロセスによって、楽団員は「コラボレーションの方法」を共有しながら、ひとつの目標に向かうことができるのだ。

　オルフェウス楽団のメンバーは、どのようにして、自律しながら完璧なるハーモニーを奏でているのか。組織の三要素の視点で「自走する組織」に必要な仕組みを考えてみよう。

　まず「共通の目的」の視点では、自走する組織で「共有すべき情報」に注目したい。音楽を演奏し、視聴者に楽しんでいただくという楽団としての目的は変わりなく、オルフェウス楽団でも「職務にひたむきに献身する」ことを大切している。他楽団との違いは、それをどのように実現するか、「自走するためのプロセス」を共有していること。自律的に演奏すること自体が、他の組織と異なり「楽団の目的」になるからだ。この協業プロセスの浸透が、自走する組織の揺るがぬ根幹といえるだろう。

オルフェウス管弦楽団の関係性

チェロ　　　　　　　ヴァイオリン

ヴィオラ　　　　　　　　　　　コントラバス

指揮者はおらず、
対等に話しあって決める

クラリネット

　続いて「協働の意欲」の視点では、自走する組織における「責任とリーダーシップの分散」に注目したい。統制する組織では、動機づけはリーダーの技術であったが、自走する組織では、メンバーの内発的動機が核心的に重要となる。オルフェウス楽団では「役割を明確にする」「その仕事をしている人が権限をもつ」「演奏に自己責任を持つ」と役割や自己決定・自己責任をプロセスの最上位においているとともに「リーダーシップを固定させない」「平等なチームワークを育てる」など、リーダーシップの分散を大切にしていることがわかる。

　最後に「コミュニケーション」の視点では「対話の質と量」に注目したい。自走する組織では、多くの対話が必要で、行動する単位の人数を少数化することが重要になる。また「話の聞き方を学び、話し方を学ぶ」「コンセンサスを形成する」とある通り、メンバーのコミュニケーションの技術、聴き方や話し方の習熟度も成否のカギをにぎることがわかる。

スター型とメッシュ型のネットワーク

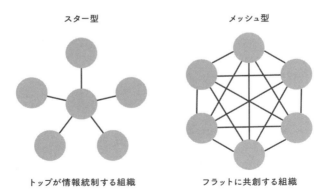

スター型　　　　　　　　　　　メッシュ型

トップが情報統制する組織　　　フラットに共創する組織

ネットワークのカタチにも注目しておきたい。統制する組織ではスター型ネットワークが基本なのに対して、自走する組織ではメッシュ型ネットワークが基本となるため、人数が増えるとチーム内のつながりの数が圧倒的に増えてゆく。例えば6人チームだと、スター型ではつながりはリーダーと各メンバーの5本だが、メッシュ型のつながりは5＋4＋3＋2＋1＝15本となる。したがって、自律型チームではメンバーの上限を設定することも多い。オルフェウスでも、各パートは少人数で構成されている。

組織成立における要素から、オルフェウス楽団の特徴を考えてみた。いずれの視点から見ても、自走する組織を実現するためには「人間的で、臨機応変で、クリエイティブなプロセス」が必要であり、統制する組織を実現するより難易度が高いことがわかる。例えば、自走の核となる「ミッション・ビジョン・バリュー」を組織内に浸透させることは、統制の核となる「予算・ルール・マニュアル」を通達するよりも、遥かに創造的で、手間も時間もかかる。受け入れる社員との関係性を深めるところからはじめる必要があるからだ。

しかし、いったん社員が自走しはじめると、組織は生き物のように進化し、成果の質も格段に高まってゆく。組織がやる気に満ち、自らの判断で、絶え間ない環境変化に適応しはじめるからだ。メンバーの思考や行動が組織文化として定着すれば、競合他社は模倣が困難であり、長期的な繁栄を支える礎となるだろう。

工業社会において、ほとんどの組織が「統制する組織」の形態をとっていたのは、経済合理性が高かったからだ。しかし、知識社会に入り、外部環境が複雑化する一方で、情報ネットワークのコストが激減し、コミュニケーションやナレッジの共有が極めて容易になった。さらにコロナショックで組織の分散化が一気に進んだために「自走する組織」にシフトする必要性が急速に高まった。この指数関数的な変化により「自走する組織」が経済合理性にかなう選択肢になったのだ。

　そしてもうひとつ、オルフェウス楽団は大切なことを教えてくれる。それは「自走する組織」における、分散型リーダーシップの有効性だ。楽曲ごとにリーダーは置くが、それは固定させない。常にその楽曲に最適な人がリーダーとなり、他のメンバーはフォロワーとなる仕組みだ。このスタイルは、2004年にクレイグ・ピアースが「シェアド・リーダーシップ」として提唱した考え方に符号する。リーダーを固定せず、メンバー全員が何らかの形で影響しあい、適材適所でリーダーシップを発揮するスタイルで、近年、経営学界でも脚光をあびているものだ。

　シェアド・リーダーシップでは、自然発生的なリーダーを想定している。組織から与えられたポジションではなく、専門性や個性から、その場に最適なメンバーがリードする。ただし、管理職が固定されている一般的な組織でも、タスクや会議ごとにフレキシブルにリーダーをたてるなど、擬似的なアプローチは可能だろう。

　場面ごとに最適なメンバーがリードすれば、個人が持つ専門性が活かせることになる。また、全員がリーダーを経験することで、個々に主体的な意識が芽生えるとともに、組織をまとめる苦労を知り、フォロワーとしても成長する効果もある。ただし、シェアド・リーダーシップを実現するには、すべてのメンバーがリーダーシップについての知見を深める必要があり、組織に根づかせるには継続的な学習や経験が欠かせない。

　リーダーを経験することで、メンバーは組織の問題を自分ごと化して考えるようになり、結果として組織のエンゲージメントが深まっていく。フォロワーとしてあるべき行動も学べる。運転席に座らないと道は覚えないし、運転を経験すれば助手席の人にしてほしいことがわかるということだ。アリゾナ州立大学のダニ・ウォンらは、シェアド・リーダーシップに関する42の実証研究をメタ分析し、垂直型リーダーシップよりもチームの成果が高めやすいこと、特に複雑なタスクを受け持つチームにおいてその傾向が顕著であることを明らかにしている。

「シェアド・リーダーシップ」のイメージ

メンバーの誰かが必要な時に必要な**リーダーシップ**を発揮し、
その時には他のメンバーは**フォロワーシップ**に徹するようなシステム。
「**リーダーの責任感**」を**全員で共有**できるため、**相互理解**のために有効な施策でもある。

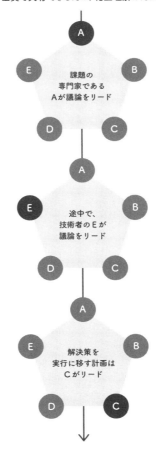

課題への情熱、専門性、所属部門などにより、その都度、**最適なメンバー**がリードする。
他のメンバーは模範的フォロワー（リーダーと視点が異なり、場に積極的）になり、
チームは**学習しながら実行**していく。

僕たちは、 組織を導くリーダーになる

理想と現実のギャップを埋めていくには

これまでの考察をまとめ、僕たちが目指す組織像を明確にしよう。組織変化の起点となったのは、第1章で考察した「組織のパラダイムシフト」である。学習し、共感し、自走する組織。この組み合わせを「知識社会の組織モデル」と名づけよう。対して、多くの企業が採用しているのは「工業社会の組織モデル」であり、とても大きなギャップがある。

学習し、共感し、自走する組織は、知識社会に住む僕たちにとって「理想の組織像」といえる。この組織特性が定着すると、そのメリットは組織の生産性や創造性の向上だけにとどまらない。統制型組織では実現が難しかった「マトリクス型の組織」が機能するようになり、加えて「タスク」や「プロジェクト」も柔軟に組み合わせできるようになる。組織の柔軟性や機動力にもポジティブな影響をもたらすのだ。しかし、新旧の対比シーンを読んで、理想と現実のギャップをあらためて感じたという人も多いだろう。

- 結果を…人を評価する基準ではなく、学習する機会と捉える組織
- 現実を…過剰に警戒する対象ではなく、共感する機会と捉える組織
- 仕事を…義務ではなく、自己成長と価値創造の機会と捉える組織

理想の組織へのシフトは、メンバーの意識変革からはじまり、組織変革へと広げていく必要がある。この大きな落差を埋めて、組織を変革に導くには、どこから着手して、どのようなステップで組織改革の歩を進めればいいのだろうか。

知識社会に必要となる3つの組織特性

	学習する組織	共感する組織	自走する組織
パラダイム シフト	デジタルシフト	ソーシャルシフト	ライフシフト
幸せの 視点	顧客の幸せ	社会の幸せ	社員の幸せ
阻害する 要因	短期業績の志向 縦割り組織	内向きの思考 過剰な警戒心	中央統制の仕組み 自由放任の風土
構造の 変革	顧客視点の組織設計 シンプルな構造	パーパス・ドリブン 現場への権限移譲	内発性重視の人事制度 多様なネットワーク
交流の 変革	知識プラットフォーム 学習コミュニティ	顧客と社員の対話 ソーシャルメディア	ビデオ会議 交流プラットフォーム
意識の 変革	学習優先の価値観 対話の場づくりの技術	率直で人間的な価値観 意味を共有する技術	自律行動の価値観 動機づけの技術
リーダーの あり方	サーバント リーダーシップ	オーセンティック リーダーシップ	シェアド リーダーシップ

「結果」ではなく「関係性」からはじめよう

古い組織に、新しい風を吹き込むためのステップとして、システム思考を研究するダニエル・キムが提唱した「成功循環モデル」を基盤として進めたい。組織の衰退と繁栄のメカニズムを循環としてシンプルにあらわしたものだ。

はじめに「結果の質」を高めようとすると、失敗のサイクルに入ってしまう。成果の達成圧力が強まり、人間関係が悪化していく。それが文化として定着すると、組織はまたたく間に硬直化していく。科学的管理法に基づく「工業時代の組織」は、数字の管理を徹底する手法であり、この失敗のサイクルに陥りやすい。

はじめに「関係の質」を高めると、思考が前向きになり、行動が自発的になる。それが成果に結びつく。成功のサイクルも流れ自体は同じだが、

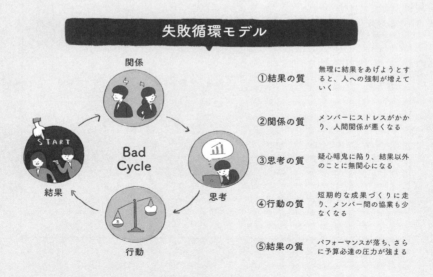

失敗循環モデル

関係 — Bad Cycle — 思考 — 行動 — 結果 — START

①結果の質　無理に結果をあげようとすると、人への強制が増えていく

②関係の質　メンバーにストレスがかかり、人間関係が悪くなる

③思考の質　疑心暗鬼に陥り、結果以外のことに無関心になる

④行動の質　短期的な成果づくりに走り、メンバー間の協業も少なくなる

⑤結果の質　パフォーマンスが落ち、さらに予算必達の圧力が強まる

起点が異なる。「結果」を高めることを起点とすると「失敗の循環」になり、「関係」を高めるところから入ると「成功の循環」になるのだ。「知識社会の組織モデル」は、この成功循環が基盤となって形成されていく。

「学習する組織」「共感する組織」「自走する組織」を実現するためのエッセンスを整理してみよう。実際には、これら3つの組織やメソッドには深い相関関係があるが、よりすっきりと体系化し、行動につながりやすくするために、次のようにシンプルにまとめておきたい。

3つの組織を実現するためのエッセンス

・学習する組織の核心＝関係の質の向上（第3章でメソッド解説）

・共感する組織の核心＝思考の質の向上（第4章でメソッド解説）

・自走する組織の核心＝行動の質の向上（第5章でメソッド解説）

成功循環モデル

①関係の質　対話からはじめる。率直に話しあう場をつくり、信頼関係を築く

②思考の質　前向きな気持ちになり、いいアイデアが生まれる

③行動の質　一人ひとりが自律的に行動し、問題がおきたら助けあう

④結果の質　自然にパフォーマンスが高まり、成果がでる

⑤関係の質　組織への帰属意識が高まり、さらに結束が深まる

出典：Daniel H. Kim「WHAT IS YOUR ORGANIZATION'S CORE THEORY OF SUCCESS?」

　この循環を実現するための具体的なメソッドが、第3章から第5章のテーマとなる。「知識社会の組織モデル」を実現するための「関係の質」「思考の質」「行動の質」の高め方を、最新の経営学をベースに「幸せ視点」で統合したものだ。

　また、組織の変革には強い意志が必要だ。寛容さと不屈の精神を持つエイブラハム・リンカーン。自らの命を捧げて民衆を導いたマハトマ・ガンジー。稀代のビジョナリーだったスティーブ・ジョブズ。いずれも不屈の信念を貫いたリーダーだ。彼らは幾多の困難を乗り越えて、世界をよりよく変えてきた。

「学習し、共感し、自走する組織」の原動力となる「新しいパラダイムのリーダーシップ」とは、どのようなものだろうか。これまで語られてきたリーダー像とは、どんな点が異なるのだろうか。これまでの考察を右ページの図にまとめておこう。

　3つのリーダーシップは、強い相関関係を持っており、親和性が高いものだ。サーバント・リーダーシップとオーセンティック・リーダーシップは、表裏一体として持つべき個人の資質である。それらをすべてのメンバーが習得し、シェアド・リーダーシップを実現できる組織こそ、知識社会において理想的な姿といえるだろう。

　さて、ここからは視点を現実にもどし、いかに目の前の組織をよくするかを考えよう。

　どのようにすれば、本音で話せる場をつくれるのか。
　どのようにすれば、指示待ちの人の目を輝かすことができるのか。
　どのようにすれば、対立した人間関係を解決できるのか。
　どのようにすれば、硬直化した組織を変えていけるのか。

　先の章で、これらの難問に答えていきたい。僕たちは組織を変えていける。しかし、そのためにはメソッドが必要だ。成功循環モデルのステップにしたがって「関係の質」「思考の質」「行動の質」をいかに高めればいいのか、実践的な知恵と技術を、これから一緒に考えていこう。

組織を変えるリーダー像

サーバント・リーダーシップ

「学習する組織」で求められるのは、メンバーを支援し、コラボレーションを促し、組織が目指す成果に導く「サーバント・リーダーシップ」である。

オーセンティック・リーダーシップ

「共感する組織」で求められるのは、正直に率直に信念を貫き、社員、顧客、社会と共感する関係性をつくる「オーセンティック・リーダーシップ」である。

シェアド・リーダーシップ

「自走する組織」で求められるのは、リーダーを固定せず、適材適所で、自然発生的にリーダーとフォロワーを循環させる「シェアド・リーダーシップ」である。

リーダーは、
強がりの仮面をはずそう

～ 安全な対話で、関係の質を変える

まあ待て。話せばわかる。

1932年5月15日、犬養首相の最期の言葉である。対峙した青年将校は「問答いらぬ！」と言い放ち、ピストルの引き金を引いた。おかれた環境、所属する集団が異なった。その中で、異なる正義が芽生え、対立し、悲劇が起こった。

論争が僕たちの日常になって久しい。与党と野党の水掛け論、テレビ討論会の過激な対立、SNSでの罵倒と炎上。永遠に交わらない言葉の応酬を目にして、言いようのない虚しさを感じる人も多いだろう。

ほんとうに、話せばわかりあえるのだろうか。
それとも、わかりあうために、なにかコツでもあるのだろうか。

「桃太郎、話すよ。昔々、あるところにね、えっと、なんだっけ、おじいさんとおばあさんがね、川で洗濯をしていると、どんぶらこ、どんぶらこと、えーと、何が流れてくるんだっけ...」

たどたどしく話すのは、Talking Bones、ロボットだ。取り囲む子どもたちは、ロボットが間違ったりボケたりするのを聞き、大騒ぎしながら話しかける。開発した岡田美智男氏のコンセプトは、人間が助けないと完結しない「弱いロボット」である。時に言いよどみ、部分的に話を忘れてしまう。話すしぐさも愛おしく、自然に人だかりができてくる。

すきのない言葉で、ほころびのない論理を戦わせるのもいいだろう。
しかし、僕たちが会話に求めているものは、それではない。
人が話しあい、協力しあうためのコツを、弱いロボットは教えてくれる。

僕たちは、どうすればわかりあえるだろうか。
これがこの章のテーマであり「関係の質」の核心となるものである。

01 21世紀は、対話の時代である

組織はコミュニケーションで成り立つ

　経営の世界で「ダイアローグ（対話）」の重要性を唱えたのは『学習する組織』の著者、ピーター・センゲだ。彼は戦略思考に走るビジネス界に一石を投じ、多大なる影響を与えた。出版されたのは1990年。インターネットが世界に普及する以前のことだ。

　「世界は相互のつながりをより深め、ビジネスはより複雑で動的になっていくので、仕事はさらに学習に満ちたものにならなければならない。（中略）どうすれば良いかを経営トップが考え、他の人すべてをその大戦略家の命令に従わせることなど、もう不可能なのだ。将来、真に卓越した存在になる組織とは、組織内のあらゆるレベルで、人々の決意や学習する能力を引き出す方法を見つける組織だろう」

　センゲは同書で、科学的管理法から続く「管理する組織」の限界を訴え、環境変化に適応できる「学習する組織」へのシフトを説いた。そのためには「志を育成する力」「複雑性を理解する力」「共創的に対話する力」を育むことが大切であり、その核となるコミュニケーションがきわめて重要になるとした。現場視点で見ても、コミュニケーションの大切さは日々高まっている。仕事の内容が変わってきたからだ。「永遠のベータ版」と言われるように、すべてのプロダクトはこまめなアップデートを期待され、より良い顧客サービスも求められる。そのためには、関連する部門の人たちが常に話しあい、相互依存の体制でサービスを提供する必要がある。社外に目を向けても同じことだ。インターネットとソーシャルメディアは、世界を網の目のように覆っている。人々の緊密なコミュニケーションやナレッジの交換を前提とした知識社会になっているのだ。

「学習する組織」を支える3つの柱

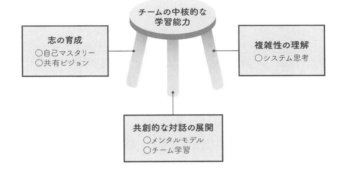

「複雑性を理解する力」：複雑な環境下で要素の相互作用を理解しながら、
　　　　　　　　　　　　問題の真因を発見し、解決する能力。

「共創的に対話する力」：個人や組織が持つ思考の枠を意識しながら、
　　　　　　　　　　　　共に創造的に考え、話しあう能力。

「志 を 育 成 す る 力」：自らを動かす能力。個人の動機づけと組織に
　　　　　　　　　　　　おける意味の共有が重要になる。

「学習する組織」には3つの能力をバランスよく伸ばしていくことが重要
で、どれかが突出したり、欠けたりすれば成立しない。

出典：ピーター・センゲ『学習する組織』

そのコミュニケーションは「議論」か「対話」か

コミュニケーションにはふたつの種類がある。ひとつは「ディスカッション（議論）」だ。正解を探して、みんなが意見を主張し、説得しあい、妥協点を見つけるためのプロセスだ。問題を分解し、論理性を重視して、最適解を選択する。限られた時間の中で、最も効率よく、正しい選択肢を発見し、意思決定するためのプロセスだ。科学的なアプローチで、ビジネス会議の王道である。

もうひとつは「ダイアローグ（対話）」だ。お互いが尊重される場で、それぞれが考えたことを場に出し、相互理解を深めるプロセスだ。正解を求める、すぐに判断する、というビジネスの枠組みをはずし、ゆったりと探求する姿勢で対話していくコミュニケーションである。センゲは、これまでビジネスの世界では軽視されてきたダイアローグこそ「学習する組織」では必要となるとし、ネイティブ・アメリカンのダイアローグ（下記2つ

彼らは夜、焚き火を囲んでいろいろなことを話しあう。長老はみんなに尊敬されているが、長老の意見が重んじられるわけではない。その場にいる人が順番に話し、誰かが話しているときは、その話が終わるまで割り込まない。いつのまにかはじまって、自然と終わる。

出典：デビッド・ボーム『ダイアローグ』

のイラストを参照）を例にあげた。

　ダイアローグの目的は「手段」の良し悪しを考えるのではなく、その背景にある「意味」を共有するところにある。多様な人たちが集まれば、意見が異なるのは当然だ。一人ひとり、おかれた環境が異なるからだ。しかし、共同体として目指すものが同じであれば、お互いの意見を戦わせる前に「どうしてそう考えるのか」を深く理解しあうことが大切だ。異なる考えでも、意味を共有できれば、建設的な第三案が生まれるはずだ。これがダイアローグの思想である。

　現実のビジネスの場において、ダイアローグが行われることは稀だろう。一刻を争うビジネスの場では、最も効率的に最適解に達することが要求されるからだ。しかしディスカッションだけだと、双方は対立モードになり、お互いに譲らない水掛け論になりやすい。仮に会議で決着がついたとしても、対立した両者には深い亀裂が生まれてしまい、それが行動の妨げになるこ

意味を共有すると、なすべきことがわかる

対話があった翌日になると、参加した誰もが、自分がなすべきことを知っているように見える。お互いの思いを十分に理解したからである。そのあと、彼らが少人数にわかれて、行動を起こしたり、物事を決めたりするのだ。

とも少なくない。そのために、学習する組織においては、ディスカッションの前に、ダイアローグを通じて双方の意見の背景をわかりあうことが重要なのだ。

　しかし、ここまで読んで、納得されていない方も多いだろう。論点を定め、論理的に議論を戦わせ、お互いの意見に優劣をつけ、意思を決定する。意見者個人の背景など意識することなく、客観的に議論を交わすことで、正しい結論は導かれる。ダイアローグなどは時間を浪費するだけで、論点があいまいになり、問題が先延ばしされるだけではないのか。「タイム・イズ・マネー」という価値観が浸透し、分刻みでお金が動くビジネスの世界に、果たしてこの世界観を持ち込めるのだろうか。この疑問への重要な示唆が、ある大規模な実験で明らかにされた。

議論と対話の比較

ディスカッション	ダイアローグ
問題を部分に分割する	部分を見て全体を理解する
部分間の違いを見る	部分同士のつながりを見る
仮説を正当化／防衛する	仮説を探求する
説得する・売り込む・教える	探求と開示によって学ぶ
ひとつの意味に同意を得る	人々の間で意味を共有する

参考資料

社会構成主義と対話型組織開発について

社会構成主義とは、「社会や組織における意味や現実というものは、絶対的なひとつの真実があるのではなく、メンバーがコミュニケーションする中で、社会的につくられていくものである」という考え方。したがって「真実を探る分析」に一生懸命に取り組んでも得られるものは少なく、それより関係者の頭の中にある「意味づけ」を変えるために「関係者一同が集まって対話しよう」というのが「対話型組織開発」の考え方である。

組織開発とは「組織を変革」すること。人材開発が「人」を対象とするのに対して、組織開発は「人と人の関係性」を対象とするものである。人間尊重で民主的な価値観を持つ手法なので、もとより人を心のない歯車として構築された「科学的管理法」とは対極的と言える。以前は、データを収集・分析した上で関係者が話しあう「診断型組織開発」が多かったが、最近は診断よりも関係者が一堂に会した対話を重視する「対話型組織開発」が注目されている。

対話によって実現される「対話型組織開発」

	診断型組織開発	対話型組織開発
主義	本質主義・実証主義 (真実はひとつだけ)	社会構成主義 (人の数だけ現実はあるぞ)
システム	オープンシステム	対話型ネットワーク
行動指針	組織を分析し、 その結果に基づいて変革する	人々の語り方が変わると、 結果的に変革される
重視する点	行動と結果	語り方と意味づけ
実行理念	計画的	継続的、反復的
実行期間	期間限定のアプローチ	エンドレス
開始点	上層部で開始され、 下部に広がる	組織のどこからでもはじまり、 大きく広まる

02　プロジェクト・アリストテレス

グーグルによる、壮大な挑戦

　プロジェクト・アリストテレス（Project Aristotle）は、グーグルによる生産性改革プロジェクトの総称である。2012年に行われたこのプロジェクトの目的は「高い成果を生むチーム」が持つ成功因子を発見することだ。何百万ドルもの資金と約4年の歳月を費やし、ついに成功因子を特定、ビジネス界で大いなる注目を集めることとなった。

　この実験では職務や業績（高い・低い）の偏りがないように、世界中から180チームを抽出し、メンバー個人の属性（ヒューマンキャピタル）と、チーム内のつながり（ソーシャルキャピタル）をともにリサーチ対象とした。チームの評価基準はマネージャー、リーダー、メンバー、実績の4視点での評価を組み合わせ、総合的に把握した。

　また、「成功するチームの共通点」として定説をできる限りリストアップし、事前に多くの仮説をたてた。「リーダーが圧倒的なリーダーシップやカリスマ性を持っているか」「学歴や趣味に共通点があるか」「興味の対象が似ている人物や、内向性、外向性など同じ特性を持つメンバーでチームが構成されているか」「メンバーはプライベートでも親しい関係性を持っているか」「頻繁に食事をともにしているのか」「特定の報酬によりモチベーションが高まっているか」などだ。そして、チームのメンバーに対して、「社員一人ひとりの行動規準（生活リズムや思考パターンの法則性）」「会社以外の場所で構築されている人間関係」「仕事に無関係な話題での社員同士のコミュニケーション」「チームメンバーが共有した時間の長さ」「プロジェクトチーム内の男女比率」などの点に着目し、公私にわたり大規模かつ徹底的なモニタリングを実施した。

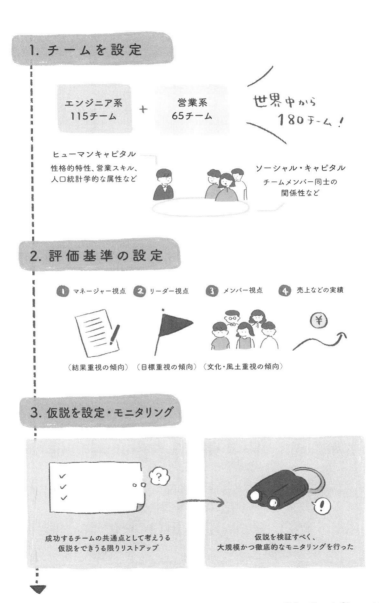

1. チームを設定

エンジニア系
115チーム

+

営業系
65チーム

世界中から
180チーム！

ヒューマンキャピタル
性格的特性、営業スキル、
人口統計学的な属性など

ソーシャル・キャピタル
チームメンバー同士の
関係性など

2. 評価基準の設定

① マネージャー視点　② リーダー視点　③ メンバー視点　④ 売上などの実績

（結果重視の傾向）　（目標重視の傾向）　（文化・風土重視の傾向）

3. 仮説を設定・モニタリング

成功するチームの共通点として考えうる
仮説をできる限りリストアップ

仮説を検証すべく、
大規模かつ徹底的なモニタリングを行った

出典：Google「Re:work」

成功は「メンバー」ではなく「場の状態」で決まる

　チーム成功要因の調査は難航した。180チームに実施したモニタリング結果をもとに、多角的な分析作業と仮説の検証を実施したが、「チーム編成やチームワークと労働生産性の相関性」を明確にはできなかったのだ。そこで、グーグルはさらに外部の統計学者や技術者、組織心理学者、社会学者など多様な分野の専門家をリサーチ班に加え、各チームの活動成果と所属メンバーの言動を細部に至るまで調査分析した。

　さらにリサーチ班は、メンバー編成だけではなく「集団規範」にも着目しはじめた。集団規範とは、組織で活動していく中で自然に形成される思考の枠組み（認知や判断、行動について「こうあるべきだ」という基準や価値観）のことだ。同時に、集団心理学に関連する論文など、学術視点からのアプローチも試みた。その研究過程において、チームの成功因子に関連する重要な手がかりとなる「集団的知性」の存在を発見する。「誰がチー

集団的知性の発見

\ チームの生産性が全然違う /

A　15　35　50　　　　　50　35　15　B
　　3　　2　　1　　　　　1　　2　　4

能力の総和：100

共通のハイパフォーマー①②がいる

なぜか2チームの生産性に大きな差が生じた。
個人の生産性の総和とチームの生産性は相関関係が少なく、
個人へのアプローチよりも集団的知性への
アプローチの方が効果的であるということが分かった。

ムのメンバーであるか」よりも「チームがどのように協力しているか」の方が重要であるということだ。

リサーチ班は、さまざまな集団心理学関連の文献をもとに「成功するチームの集団規範」における共通点を探求した。その結果、ふたつの共通点「均等な発言機会」と「社会的感受性の高さ」を発見することに成功する。

さらに、リサーチ班はある社内事例に注目した。生産性の低さで悩むリーダーが、自ら転移性癌に悩むことを告白したところ、沈黙の後に各自がプライベートを語りはじめ、自然に生産性を高める議論に移行していったのだ。そこから浮かんだ新たな問題は、個々の人間が仕事とプライベートの顔を使い分けることの是非だった。同じひとりの人間が、会社では本来の自分を押し殺して、仕事用の別の人格を作り出す。それが心理的安全性にはマイナスに働いていることがわかってきた。

集団的知性（Collective Intelligence）の発見

グーグルは、大半が同じメンバーで構成されている2つのチームの活動成果から、興味深いデータを検出した。両チームには共通してハイパフォーマーなメンバーが多く含まれており、個人能力の総和に大きな違いはない。にも関わらず、チームの生産性には大きな差が発生していたのだ。

これらの実験結果の考察から、個人生産性の合計とチームの生産性は相関関係が少なく、チーム生産性の向上のためには「集団的知性がいかに生まれるか」という視点が重要であることがわかった。この「チームメンバー個人のパフォーマンスが、チームの生産性には大きな影響を与えない」という研究過程の成果は、研究結果である「心理的安全性の重要性」とともに、ビジネス界に世界に大きな衝撃を与えることになった。

　これらを総合的に考察して、グーグルは「心理的安全性がチームの生産性を高める」と結論づけた。ここでいう「心理的安全性」とは、心理学用語で「チームメイトなどまわりの評価に怯えることなく、自分の意見や想いを発信するために必要となる要素」のことだ。公式・非公式にかかわらず、メンバーからの評価や人間関係のリスクを感じないチームこそ生産性が高いということだ。

　チーム内の心理的安全性が確保されているほど、メンバーは肩の力を抜いた自分らしい姿でプロジェクトに向き合い、リスクが存在する言動であっても、チーム目標達成のために発言できるようになる。プロジェクト・アリストテレスの研究過程で見つかった「均等な発言機会」や「社会的感受性の高さ」は、チーム内の心理的安全性を高める要素であることから、結論として「心理的安全性」こそがチームの生産性を高める成功因子であることがわかったのだ。

用語　解説

「均等な発言機会」「社会的感受性の高さ」

あらかじめ発言を時間で均等配分するチーム、リーダーがファシリテーターとなり話題を振るチーム、対等なフリーディスカッションのチームなど形式は異なったが「メンバー内の発言機会が均等であり、全員がほぼ同じ割合で発言を行うチーム」は生産性が高かった。他方、一部の人間が多くの時間を費やして一方的な発言を行うチームは生産性が低いこともわかった。この対称的な結果から、メンバー全員が均等に発言できる環境の構築は、チームの生産性に貢献することがわかった。

社会的感受性とは「他者の感情を、顔色から読み取る能力」である。社会的感受性の測定には、顔写真のうち目の部分だけを見ることで相手の感情を読み取る"Reading the Mind in the Eyes Test（RMET）"が用いられた。生産性の高いチームはすべて、メンバーの平均RMET結果が高い値を示していたことから、チームメンバーの社会的感受性の高さが、チームの生産性に大きな影響を与えるということがわかった。

「均等な発言機会」の創出

メンバー全員が均等に発言できる環境の構築が、
生産性の高いチームづくりにつながる

「社会的感受性」の高さ

他者理解

共感力

他者の感情を、顔色から読み取る能力。
自分の発言が相手に及ぼす影響を理解し、
相手の表情や言動をみて、
想いを読み取ることができる。

グーグルが発見した、5つのチーム成功因子

　グーグルは、その他数百に及ぶ変数に対して35種類以上の統計モデルを適用し、統計的に有意性を持つ因子を特定した。そして、重要な順に「5つのチーム成功因子」を発表した。

　特に重要なのは、①の心理的安全性であり、②〜⑤を生み出す基盤としての役目を果たしている。なお、この書籍では、①を第3章、④と⑤を第4章、②と③を第5章で取り上げる。

　ネイティブ・アメリカンの「ダイアローグの場」などは、まさに心理的安全性が高い場の典型といえるだろう。焚き火を囲み、誰もが平等で、思った通りの意見を話しあい、意味を共有しあう場である。ただし「ダイアローグ」だけで問題が解決するわけではない。意見を集約するための「ディスカッション」も含めて、人間関係のリスクを感じない安全な場をつくることが大切なのだ。

5つの成功因子と本書の関連性

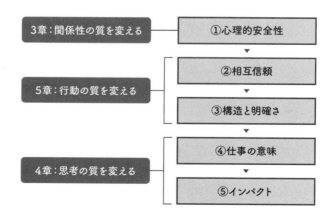

5つのチーム成功因子

①心理的安全性

メンバーは「他のメンバーに対して対人関係の不安」を感じない。
自分の過ちを認めたり、質問をしたり、新しいアイデアを披露したりしても、
誰も自分を馬鹿にしたり罰したりしないと確信できる。

▼

②相互信頼

メンバーは「クオリティの高い仕事を時間内に仕上げる」
という相互の信頼関係を持っており、
問題が起きた時にも責任を転嫁しない。

▼

③構造と明確さ

仕事で要求されていること、その要求を満たすためのプロセス、
メンバーの行動がもたらす成果について、すべてのメンバーが理解している。
目標は、個人レベルでもグループレベルでもよいが、
具体的で取り組みがいがあり、かつ達成可能な内容であることが重要である。

▼

④仕事の意味

仕事そのもの、またはその成果に対して目的意識を持てる。
仕事の意味は属人的なものであり、経済的な安定を得る、家族を支える、
チームの成功を助ける、自己表現するなど、人によってさまざまである。

▼

⑤インパクト

自分の仕事には、組織において、
社会において意義があるとメンバーが主観的に思える。
個人の仕事がどのようなインパクトをもたらしているかを
可視化すると効果的である。

03 「心理的安全性」がチームを変えていく

なぜ、心理的安全性が大切なのか

「心理的安全性（Psychological Safety）」というキーワードは、1999年に経営学者エイミー・エドモンドソンの論文で発表されたものだが、その論文引用は年々増えており、さまざまな視点で多角的な研究が行われている。心理的安全性による効果が確認された研究例は多く、これまでに、チームの業績向上、イノベーションの創出、プロセス改善の創出、意思決定の質的向上、知識共有の促進、組織学習の促進が実証されている。医療現場での研究も進んでおり、心理的安全性が高いと習熟が早く、手術の成功率が高いこともわかってきた。近年では、プロジェクト・アリストテレスの成果がさまざまなメディアで取り上げられたことで、ビジネス界でもバズワードとして広がってきた。

今、なぜ「心理的安全性」が重要なのだろうか。その背景には「工業社会」から「知識社会」へのシフトがあるとエドモンドソンは分析する。工業社会における成長のエンジンは「業務の標準化」だった。業務プロセスを分割し、単純化し、手続き化する。それによって徹底的に作業効率を高めていく手法だ。しかし、コンピュータが登場したことで、人間が関わる仕事の質が変化した。単純化、定型化された業務は機械がこなすようになり、人間が担う仕事は、より創造性、情緒性が必要となってきたのだ。今や、あらゆる階層、すべての業務が、ナレッジワークに変わったといっても過言ではない。知識社会において、ビジネスの成長エンジンは「斬新なアイデア」にシフトした。すべての業界において、知識とイノベーションなしに持続的な繁栄は得られない時代になったのだ。

では、優秀な人材を雇用すれば解決するのだろうか。答えはノーである。なぜなら、彼らは組織に役立ちたいとは熱望しているが、一方で、目

立つことも、間違うことも、上司の気分を害することもしたくないと考えているからだ。すばらしいアイデアを創出するためには、すべてのナレッジワーカーが「自分の知識を共有したい」と思えるような場があるかどうかがキーとなる。そのために必要なものが「心理的安全性」であるという考え方だ。

脳科学の観点からも、心理的安全性の重要性がわかってきた。ひとつは、過度な不安には、学習を妨げるマイナス効果があることだ。不安が大きくなり過ぎると生理的な資源を消費し、脳のワーキングメモリ（作業記憶）や新しい情報の取り込みが制限されることがわかっている。過度な不安は質の高い仕事をさまたげてしまうのだ。

もうひとつ、近年の脳科学における新しい発見も興味深い。人の創造性と強く関係する「デフォルト・モード・ネットワーク（DMN）」という脳の働きだ。何かに集中しておらず、ぼんやりしている時に活性化する脳の神経回路のことだ。散歩やお風呂、トイレ、そして人と雑談をしている時、このDMNは活発化し、脳に取り入れられた情報を任意につなぐ役割を持つ。まさにイノベーションの創出である。

オックスフォード大学では、教授たちが集まって、午後の紅茶を楽しみながら雑談する習慣があるという。ゆったりとした気持ちの中で雑談することが、クリエイティブな発想につながることを、経験的に理解しているからだ。心理的安全性の高い場、つまり、リラックスして素のまんまの自分を出せる場は、一人ひとりのデフォルト・モード・ネットワークの働きを促進する場ともいえるだろう。他愛のない雑談から、斬新なアイデアという価値が生まれる。誰しも、なんとなく感じていたことが、科学的に解明されてきたのだ。

心理的安全性を阻害する、４つの不安

　心理的安全性を阻害する要因はなんだろう。エドモンドソンは人間関係のリスクが自由な発言の妨げになるとし、中でも４つの不安が原因であると指摘した。

1「無知な人物」と評価されることへの不安

質問をしたり、情報を求めたりする際の不安。「こんな単純なこともわからないの？」と言われそう。知識がない、頭が悪い人と評価されることへの不安。

2「無能な人物」と評価されることへの不安

目標に挑戦したり、間違いを認めたり、支援を求めたりする際の不安。「こんな簡単なこともできないの？」と言われそう。仕事ができない人と評価される不安。

3「否定的な人物」と評価されることへの不安

他の人と違う意見を言う、特に反対意見を表明する際の不安。とりわけ上司に反対するのは難しい。気分を害して自己評価や人間関係を傷つけたくないという不安。

4「邪魔な人物」と評価されることへの不安

他者の時間を奪ったり、決定を覆す発言をしたりする際の不安。和を乱す人、かかわると面倒な人と評価されることへの不安。

　職場では「他者から評価されている感覚」があるために、「長所を強調して、欠点を隠す行動習慣」が根づいてしまう。自分の悪いところを出してしまったら、給料が上がらない、出世できない、クビになるかもしれない。そういう不安が常にあるために「素のままの自分をさらけ出すべきではな

い」と考え、行動している。しかし、この当たり前の行動が、実は生産性を落としていることがわかったのだ。

　無知や無能への不安は、特に激しい議論の場で起こりやすい。いわば「自論を戦わせる場」である。しかし、メンバーに無知や無能への不安を感じさせまいと、過度に人間関係に気を遣うと、今度は「空気を読みあう場」になってしまう。否定や邪魔への不安が生まれてくるのだ。ここが「心理的安全性」の要注意なところなのだ。

　きつすぎる場でも、ぬるすぎる場でもない。乾いた場でも、湿った場でもない。参加しているメンバーが、どんなシチュエーションでも、どのタイミングでも、遠慮なく本音の意見を言えること。メンバーが常にこのような意識を持てるかどうかが大切なのだ。

4つの不安

無知への不安
こんな単純なことも
わからないのかと言われそう

無能への不安
こんな簡単なことも
できないのかと言われそう

否定への不安
反対して、人間関係や自己評価に
傷をつけたくない

邪魔への不安
自分だけ悪目立ちして、
仲間はずれになりたくない

心理的に安全な場とは

　場が乾いても、湿っても、心理的安全性は低くなってしまう。ここでは、典型的な3つの場を想定して、心理的安全性を考えてみよう。

・自論を戦わせる場

　心理的安全性が低い場として想像しやすいのが「自論を戦わせる場」である。知的な人材が多く、競争が厳しい環境で起こりやすい。会議では参加者が意見を戦わせ、マウントをとりあい、勝ち負けが決まる。常に知性や能力を評価されている感覚があり、本音を話しにくい。このような場では「無知の不安」「無能の不安」が渦巻き、参加者は「強がりの仮面」をつけやすく、心理的安全性は低くなる。

・空気を読みあう場

　安全な場として認識されることが多いが、実は本音を言えないのが、過度に「空気を読みあう場」である。つきあいが長く、馴れあいの心地よさが浸透している環境で起こりやすい。顔色で相手の気持ちを察することができるので、異なる意見が出にくくなる。このような場では「邪魔への不安」「否定への不安」を感じるため、参加者は「いい人の仮面」をつけがちだ。そのために「自論を戦わせる場」と同様に心理的安全性は低い。

・本音で共創する場

　ざっくばらんに多様な意見を出しあい、メンバー全員で価値を生み出せるのが「本音で共創する場」である。多様な意見の組み合わせこそ価値創出の源泉になるという価値観が共有され、すべてのメンバーが「他人と異なる意見」を自然に言え、「自分と異なる意見」を冷静に受けとめられる。高い心理的安全性を維持した、理想的な協業の場といえる。

　3つの場の違いを、上司と部下の対話であらわしてみよう。上司だけでなく、部下の側にも意識の改革が必要なことがわかるだろう。

04　心理的に安全な場をつくるために

心理的に安全な場づくりのプロセス

　心理的に安全な場とは「メンバー全員が他人と異論を自然に話せる」ことであり、裏を返すと「メンバー全員が想定外の事実や異論を冷静に受け入れられる」ことでもある。まさに、言うは易く、行うは難しだ。不安はさまざまな要因がからみあって生まれるものだからだ。

- 本音やプライベートはオープンにしない方がいいと考える人が多い
- 職場では、ビジネスライクな判断や人付き合いが推奨されている
- 職場に会話が少なく、お互いに何を考えているのかよくわからない
- 人間関係が重視され過ぎて、異論を言いにくく、変化も起きにくい
- 場がヒートアップしやすく、先手必勝でマウントのとりあいになる
- 扱いが難しい人がいて、場がもりあがらず諦めムードになっている

　職場では複雑な要因がからみあい、個々の意識も異なるために、単純な原則やルール、技術の共有で場の安全性を実現することはできない。また、場の雰囲気は生き物のごとく変化するため、座学で場のつくり方を習得することも極めて難しい。

　では、どのように安全な場をつくればいいのだろうか。それも一時的なものではなく、持続的に心理的安全性を維持するためには、いかなる知見や技術が必要なのだろうか。ここでは、メンバーの関係を高める「共感デザイン」と、チームとして価値を生む「価値デザイン」というふたつの段階にわけて、個人の深層からたどって、心理的安全性を持続的に高める技術を考えていきたい（詳しくは252ページの図を参照）。

① 共感デザイン

　個々のメンバーが自然体で他者に共感する感覚をとりもどし、チーム内の関係性を高める。「ホールネス」「他者の尊重」「相互理解」という3つのステップで、信頼関係をつくり「コンフォートゾーン」に入る。

② 価値デザイン

　信頼関係のあるメンバーが集まって率直な意見を出しあい、それを集約し、価値を創造する。「パーパスの共有」「第三案の共創」「安心の醸成」という3つのステップで、集団的知性を発揮して「ラーニングゾーン」に入る。

　なお、リーダーの立ち振舞いは他のメンバーより遥かに影響力がある。この問題については次節にて深掘りしたい。またメンバー同士のコミュニケーションは、心理的安全性の醸成に極めて重要な要素であるが、それは第5章で「対話の技術」としてとりあげているので、この章には含めない。

心理的安全性を生み出すプロセス

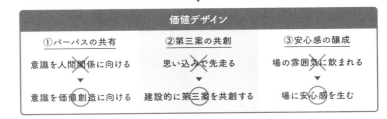

共感デザイン① 自然体の自分にもどる〜ホールネス

　心理的安全性を構築する上で、最も基本となることがある。それは、すべてのメンバーが「強がりの仮面」も「いい人の仮面」もはずして、自然体の自分、素の自分をとりもどすことだ。このプロセス抜きにコミュニケーションの技術や場づくりの技術に走っても、すぐに化けの皮がはがれてしまう。「ホールネス」とは、ありのままの自分をさらけ出すことを意味する言葉で、心理的安全性の基盤とも言うべきものである。

　人間は、生を受けてから死を迎えるまで「内的なものを優先するのか、外的なものを優先するのか」を調整しながら成長する生き物である。内的なものとは、自分の生身の感覚、感情、欲求、衝動などであり、外的なものとは自分以外のものからの要請や期待、言語化されない圧力などだ。幼児期の「しつけ」から始まり、児童期は「両親や先生の指導」、青年期は「校則、仲間との葛藤、評価、競争」と、次第に複雑化する外界と調整しながら、一人ひとりの人格が形成されてゆく。その過程で、すべての人間は、自分の内的なものとつながる「本当の自分」と、外部から期待された役割を生きる「偽りの自分」の両面を持つようになる。

　自分の気持ちに素直に生きたいと思っている自分と、人の期待に応える役割を演じたいと思っている自分。誰しもが持つ二面性だが、幼少期に外部からの一方的な要請や期待が強かった人ほど「偽りの自分」が占める位置が大きくなる傾向がある。心理学者の根本橘夫は、この「偽りの自分」を代償的自己と表現した。うれしいと感じたからではなく、うれしいというべき場面だから「うれしい」と言う自分のことだ。次第に「本音と建前」を器用に使い分ける能力が養われていく。

　「偽りの自分」を中心にして生きる人は、生身の自分としての感情や欲求との結びつきが弱いために、現実性を持たない抽象的な思考に陥りがちだ。また、楽しむことを抑制して育ったために、行動の根拠が「したい」では

なく「しなくちゃいけない」になっていく。賞賛されるため、いい関係を維持するため、失敗しないための言動が多いために、がんばっても自己充足感が得られない。自分の人生を自分でコントロールしているという感覚が持てず、消耗感が高まり、滅私奉公の意識がつのってしまう。

大切なことは、自分自身をしばっている「しなくちゃ」に気づくこと。自分本来の感覚を尊重し、自らの感情に耳を傾けることだ。自己の内面とのつながりを感じたら、自分のふたつの側面をあらためて認識する。「偽りの自分」は、捉え方によっては苦しみを生み出す面もあるが、社会と調和した「自分の好ましい側面」ともいえる。気遣い、誠実、責任感といった美徳の原点でもある。そのポジティブな面を素直に受け入れ、「本当の自分」との間に橋を架けること。他者の笑顔は、実は自分自身にとっての喜びであることに気がつくことだ。

脳科学は、人間が「社会脳」（自己と他者、そして社会を結ぶ脳の働き）を持つことを明らかにしている。人類は、この社会脳によって弱肉強食の世界で生き残り、豊かな社会を育んできた。そのため人間の脳は、人のためにつくすことに大きな喜びと幸福を感じる仕組みになっているのだ。他者の喜びは、自分の喜びに通じるもの。この気づきによって「偽りの自分」と「本当の自分」は統合され、素の自分にもどっていく。

他者と積極的に関与しつつ、他者に振り回されない自分。自分の優先度を大切にしながら、他者に貢献し、それを喜びとする自分。それを意識できるようになると「自分は自分、このまんまでいいんだ」という感覚が生まれてくる。この統合化と自己受容によって、人間は自分自身に対する自信をとりもどし、自分の本音を、おそれることなく話せるようになるのだ。ありのままの自分をさらけだす「ホールネス」は、経営学でもその重要性が認識されるようになってきた。生命体のような自律型の組織形態「ティール組織」に必要な三要素のひとつにもなっている。

共感デザイン② 他者を人間として尊重する〜他者の尊重

　心理的安全性を構築する上で、基盤となるものがもうひとつある。それは対人関係観、つまり「他者をどう認識するか」という認知の枠組みである。これを端的にあらわしているのは、哲学者マルティン・ブーバーが「われとなんじ」「われとそれ」とした表現である。ブーバーは、人への向き合い方に、ふたつのタイプがあることを明らかにした。

　家族や友人とは、一般的に「われとなんじ」の関係性である。私も人間、相手も人間、お互いの人格を理解し、信頼しあう間柄だ。このような人間関係では「損得勘定」よりも「善意や常識」が重んじられる。例えば、善意で相談に乗ってくれた友人に「お礼としてコンサルティング報酬を支払いたい」と伝えたらどうなるだろうか。相手はぎょっとするに違いない。お互い様という感覚が喪失し、取引の関係になってしまうからだ。善意や常識に基づく行動の基準を「社会規範」といい、特にお互い様という感覚は

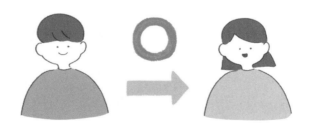

われとなんじ（人間的な見方）

私は人間、相手も人間
相手も心を持ち、主人公として生き、独自の価値観を持つ存在

「互酬性（ごしゅうせい）の規範」と呼ばれる。

一方で、ビジネスでは「どちらが得か、どちらが損か」を冷静に判断するチカラが求められる。感情を切り離して、クールに損得を判断する能力だ。また、統制型の組織においては、仕事に感情を持ち込まず、上司の命令を忠実に実行する社員が評価される。それゆえ、職場における対人認知は「われとそれ」に徹することが求められてきた。次のような会話が当たり前のように交わされ、職場にいる時は誰も不自然には感じなくなってしまうのは、市場規範が浸透しているからである。

- 経営とは、ヒト・モノ・カネを有効活用し、利益を上げることだ。
- 管理職の仕事は、部下をやる気にさせて、予算を達成することだ。
- 今回の組織編成にあたって、どう人員を最適に配置するか。
- 評価下位10％の社員は解雇し、資本の効率化を図ろう。
- 社員への解雇通知は、今月中に各部門長から行うように。

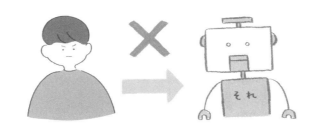

われとそれ（ビジネス的な見方）

私は人間、相手は道具

私情は抜きにして「役割」や「機能」を求める存在

　自分の判断基準に基づいて、相手を評価し、操作する。相手に求めるのは役割や機能であり、他者は「損得を生み出す、もしくは損得を奪いあう道具」となる。このような損得に基づく行動の基準を「市場規範」という。

　社会人の多くは「社会規範」と「市場規範」という心のOSを、環境に応じて無意識に入れ替えて生活している。会社の受付を通ると「ビジネスOSとしての市場規範」が、家の門をくぐると「プライベートOSとしての社会規範」がインストールされる。これによって、ビジネスでは無意識に利益を、プライベートでは善意や常識を基準に行動しているのだ。

　相手を「人間としての他者」と見るか、それとも「道具としての他者」と見るか。あなたは、どちらを自然に受け入れられるだろうか。人によって答えは異なるだろう。では、どちらが心理的に安全な場をつくるのだろうか。これは想像すればすぐにわかるはずだ。人を「利益を生むための道具」として見ている時、人から「利益を生むための道具」として見られている時に、場に心理的安全性が生まれることはほとんどないだろう。利益を勝ち取りたい。いい評価をされたい。その思いが頭の中を占めるために、相手に対する心理的な配慮が乏しくなるからだ。

　他者を人間として見ることで、はじめて開けてくる視界がある。相手に心から共感できるようになるのだ。ここで「共感する」とは、相手の経験や感情をともに感じることであり、相手の意見や価値観をそのまま受け入れる「同調」とはまったく異なることに注意したい。「自然体の自分にもどる」こと、「ありのままの相手を尊重する」ことは、心理的に安全な場を構築するための基盤となるものだ。このふたつを抜きにコミュニケーションのテクニックに走っても、真の安全性を得られることはないだろう。

イスラエル託児所の罰金実験

出典：ウリ・ニーズィーとアルド・ルスティキーニによる実験

共感デザイン③ 本音で話せる間柄になる〜相互の理解

　他者への認識を「われとなんじ」に切り替えたら、相互に理解しあうプロセスに進もう。人はみな、自らが主人公となり、自分の人生を精一杯生きている。どんな聖人でも頭の中の99％は自分視点の情報が占めている。そして、自らの経験に照らして、物事を判断し、行動する。このような一人ひとりの頭の中にあるストーリーや思考の枠組みを「ナラティブ」という。

　大切なのは、他者のナラティブを積極的に理解しようと努力すること。そのために「想像力」をフルに働かせることだ。どんな気持ちでこの場に参加したのか。どんな気持ちでこの意見を話しているのか。他者の視点に立ち、自らのことのように相手の経験や感情を想像する姿勢を持つことだ。

　すると、自分が相手に不安を感じるように、相手も自分に対して不安を感じていることがわかってくる。その不安を拭い去るためにはどうすればいいのだろう。それは、できるだけ自己を開示し、自らの発言の意図や、自分自身のナラティブをオープンにすることだ。相互理解を考えるツールとして「ジョハリの窓」がある。自己開示し、相手の言葉を傾聴する。それによって、自分も相手も知っている「開放の窓」を互いに広げていく。すると、双方の中にある不安が解消され、場の心理的安全性が高まるのだ。

　お互いに自己開示し、相手を理解しようと想像力を働かせると、脳内の共感を制御する神経メカニズムが作動して、自分の脳と相手の脳が協調し、共鳴しあう。「ラポールの形成」と呼ばれる状態だ。ラポールとは「橋をかける」という意味のフランス語だが、まさに双方の心に橋がかかるのだ。例えば、初対面の相手でも自分と同郷なことがわかるとぐっと親しくなったり、居酒屋で素の自分をさらけだして翌日から同志の関係になったりすることがある。「この人は自分に不利益をもたらす存在ではない」と確信でき、お互いの警戒心が解かれることで、はじめて相互信頼の扉が開くのだ。

　この関係を育むために、これまでは「お酒の場」が有効に活用されていた。居酒屋コミュニケーションである。しかし年々、お酒のチカラが借りにくい環境になっており、個を大切にする若者と関係を深めるにはどうすればいいのか、悩みに感じている社会人が増えている。

　安心は笑顔からはじまることを思い出そう。自分から笑顔になり、オープンになる。相手の警戒心を解く努力をする。人を操作しようとするのをやめて、人が前向きになるための場づくりのアイデアを考える。どうすれば一人ひとりが積極的になるか、メンバーとともに真剣に向き合うのだ。そうすればいろいろなアイデアが生まれてくるだろう。

- チェックイン：会議のはじめに、ポジティブな話題をシェアする
- ライフシェア：個々にライフラインチャートをつくり、発表しあう
- 悩みのシェア：仕事の進捗だけでなく、今の忙しさや悩みを共有する
- 悩みの相談室：メンバーの抱える仕事の悩みを、みんなで解決する

　ひとつ注意したいのは、チームの人数である。人数が増えると、場に対する不安感も増すために、発言のハードルが高まってしまう。先進的な自律型組織では、チームの上限人数を決めているところも多い。例えば「ティール組織」として有名なオランダの在宅ケア法人、ビュートゾルフでは、独立採算で動くチームの上限を12名としている。その多くは5名前後で構成され、並列につながり、1万人を超すアメーバのような組織が成り立っているのだ。

　スター型ネットワークを持つ統制型組織においては、ひとりの上司がどれだけの部下を直接管理できるかを意味する「スパン・オブ・コントロール」という指標があり、上限が5〜8名とされている。分散型組織ではメッシュ型ネットワークとなるため、人のつながりは遥かに複雑になる。機敏に意思決定しながら自律的に行動するチームをつくるのであれば、その単位を3〜5名とすることをおすすめしたい。

価値デザイン① 意識を価値創造に向ける〜パーパスの共有

「共感デザイン①〜③」で、チームの土壌が耕されると、関係性が深まり、場が安全になるとともに、メンバーの積極性が増してゆく。しかし、ここで満足して立ち止まると、次第に場が停滞してしまうことも多い（詳しくは252ページの図を参照）。例えば、反対意見を吸収できずに結論が先延ばしされたり、権威ある人の発言力が増すという現象が起きてくる。良好な人間関係を維持することが優先されるようになり、心理的安全性が低い「空気を読みあう場」に変わっていく。いつしか変化を嫌う文化となり、イノベーションが起きなくなってしまうのだ。

このような状態に陥った組織を一気に立ち直らせるのは、競合企業の登場や倒産の危機など、組織の存続があやぶまれるレベルの「外部からのショック」である。なぜ外敵が組織を立て直すのか。それはメンバーの目がウチからソトに向かうからだ。逆にいうと、外敵がなくとも、チームメンバーの意識をソトに向けることができれば、そのチームは持続的に成長することができるのだ。ウチからソトへ。共感のプロセスを超えた組織に必要なのは、「チームの人間関係」から「顧客の価値創造」への意識変革である。別の表現をすると、メンバー全員が「この組織はなんのために存在しているのか」という組織のパーパスを常に意識することである。

意識をパーパスに向けるとはどういうことか。右の図を見ていただきたい。チーム内のリーダーとメンバー、それぞれの意識を矢印で表現したものだ。リーダーは価値を生むためにさまざまなアイデアを場に出すことが多い。時にメンバーと意見の相違も生まれるだろう。その時にメンバーが、リーダーを向くか、顧客を向くか、組織盛衰の分岐点となる。メンバーがリーダーを向き、その言葉を絶対として捉えはじめると、その組織はリーダーだけの意見で動くようになってしまう。時に意見のぶつかりあいになることも覚悟して、メンバーが上司ではなくパーパスに向かう意識を持てるかどうか。ここが大切なポイントなのだ。

リーダーにはふたつのタイプがある。「組織を自らの意のままに操作したい」と考えている場合には、むしろメンバーがウチを向き、自らの意思で統制できる組織を志向する。このケースではリーダーの意識改革が必要であり、それなくして知識社会で生き残ることは困難になってゆくだろう。

しかし、意外に聞こえるかもしれないが、多くのリーダーは「自分を向くことではなく、価値を生み、成果を出したい」と考えているものだ。このケースで必要なのは、実はメンバーサイドの意識改革である。自分の意見に盲従することを、多くのリーダーは望んでいない。その事実を知ることが、意識を変える第一歩となるだろう。また、リーダーサイドで意識すべきは「したいこと（WHAT）」に「その理由（WHY）」を添えること。それによってメンバーはその意図を理解しやすくなるはずだ。また、発言者を切り離して「意見そのもの」の価値を捉えるための会議の工夫も大切だ。「ブレインライティング法」や「Amazonの会議法（黄金の沈黙）」などが参考になるだろう。

価値創造重視のチームとは

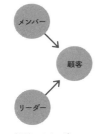
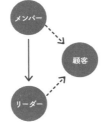

価値デザイン② 建設的に第三案を共創する～第三案の共創

　建設的な議論を妨げる最大の要因は、思い込みによるすれ違いと対立である。結論ありきで人に向きあったり、想定外の結果が目の前にあらわれると、異論や現実に対する心の備えがなく、カッとしたり、落ち込んだりして、取り返しのつかないことを口にしてしまう。ビジネスの現場では誰もが経験するありがちなシーンとも言えるが、メンバー個人の過剰な感情表現は、チーム全体の心理状態にも大きく影響してしまう。ムキになって反論すれば激しい対立をよんで場は乾いてゆくし、落ち込むとその気持ちが伝播して場は湿ってゆく。ひとりの反応が場に広がり、議論の場が消極性で支配されてしまうのだ。

　この思い込みや自動的な思考を最小限にするためにはどうすればいいのだろう。ここでは、心理学者クリス・アージリスが提唱した「推論のはしご」の概念を用いて、事実の受け入れ方を考えよう。「推論のはしご」とは、

現実の認識と行動までのプロセスを示す「推論のはしご」

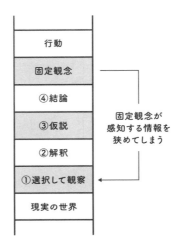

出典：Chris Argyris『The ladder of inference』

現実の世界を、選択的に観察し、解釈し、仮説をたて、結論を出す思考プロセスのことである。人間は、この思考プロセスを数多く経験することで「ああなったら、こうなる」という「メンタルモデル」を頭の中につくり、それにしたがって瞬時に判断する習慣を持っている。

ビジネスでは「タイム・イズ・マネー」という価値観が浸透している。また議論は戦いの場で「マウントの取りあい」という感覚も強い。そのため、多くの人は「推論のはしご」を一気に駆け登り、先手を取りたいと考えている。この思考習慣が、場の心理的安全性を下げるばかりか、人間関係を崩壊させる原因となってしまうのだ。

例えば、あなたと新人Aさんはあるプロジェクトのメンバーで、あなたがAさんの消極的な態度に不満を持っていたとしよう。Aさんは言葉が少ないタイプなので、会議をしていてもあなたが一方的に話すことが多く、AさんはPCに向かって議論に加わらない。ある日、あなたの提案にAさ

んが消極的だったために、あなたは日頃の不満が爆発してしまった。

　あなたは、過去のAさんへの観察から、Aさんに事実を確認することなく、プロジェクトの体制にまで話を飛躍させてしまったのだ。

　しかし、Aさんの現実は、あなたが想像した現実とは異なっていた。相互理解ができていなかったことが原因で、あなたは推論のはしごを駆け上がってしまったのだ。ここで時計を巻き戻して、はしごを一段ずつ登ってみよう。下のイラストのように一段ずつ、事実を冷静に確認しながら進めると、まったく異なる状況が見えてくる。この時の推論のはしごは、右ページ下部のようになるだろう。

　自分ではなく、相手が失敗や異論を冷静に受け入れられなかった時にも、推論のはしごをゆっくり登り直すことで、相互理解が進むことが多い。大切なことは、相手を責めるのではなく、ともに価値を生むことを共通の目

推論のはしごをゆっくり登る会話例

① お願いした資料はどうなってる？
観察
すみませんまだできてないです…

② どこまで進んでる？困ったことあったら言ってね
解釈
実は専門用語が多く、用語集をつくりながらやってます

③ そうだったんだ。それなら良い資料があるよ
仮説
助かります！重要プロジェクトなので丁寧に仕上げたくて

④ また困ったことあったら何でも相談してね！
結論
ありがとうございます！

的とすることだ。その上で、穏やかな問いかけによって、お互いの①観察している事実、②事実への意味づけ、③経験からの推論、の違いがどこにあるかを確認しあうのだ。「○○という言葉で、どのようなものをイメージされていらっしゃいますか?」「例えば、どのような事例を想定されていらっしゃいますか?」など、具体と抽象のレベル差を明らかにする問いかけも有効だろう。

メンタルモデルは、過去の経験や知識をもとに形成された暗黙知である。場数を踏むほど、多様な局面で対応できるメンタルモデルの種類と数が増えていく。そのおかげで日常の判断や行動の多くを省エネモードで対応できるのだが、この例のように「強い思い込み」となってしまう弊害も多い。特に、心に不安を感じた時(想定外の悪い事実が発生した時、人から反論された時など)に「推論のはしご」をゆっくり登る習慣をつけておくと、信頼関係が醸成され、心理的に安全な場づくりにもプラスになることが多い。観察した事実から推測に飛躍せず、事実を冷静に確認することだ。

それぞれの会話例のはしごの登り方

駆け上がる会話例	
①観察できる事実 ▶	Aさんの担当する資料が、現時点でできているかどうかわからない
②事実に意味づけ ▶	期限を守れない可能性がある。品質にも問題がありそうだ
③経験からの推測 ▶	Aさんは仕事に消極的だ。仕事のパートナーとして信頼できない
④推測からの結論 ▶	プロジェクトの体制を見直そう。課長に相談しよう

ゆっくり登る会話例	
①観察できる事実 ▶	Aさんの担当する資料が、現時点でできているかどうかわからない
②事実に意味づけ ▶	進捗を確認しよう。何か問題があれば、解決策を考えよう
③経験からの推測 ▶	Aさんは新人だ。業界用語などをフォローする必要がありそうだ
④推測からの結論 ▶	コミュニケーションが足りなかった。相互理解を深めよう

価値デザイン③ 場に安心を生む～安心感の醸成

　天気によって人の気分が変わるように、感情はとてもゆらぎやすい。メンバーの安心や不安も生き物のように揺れ動くため、場の心理的安全性も確固たるものではない。ニューサウスウェールズ大学で組織行動学を研究する准教授、ウィル・フェルプスが行った「腐ったリンゴの実験」では、チームに悪影響を与える典型的な3タイプを想定し、演技力のあるニックという学生がその役目を演じることで、チームの生産性にどれほど影響を与えたかを測定した。

ニックが演じた「典型的な3タイプ」

　1. 性格が悪い人　　：相手に対して攻撃的、反抗的な態度をとる人

　2. なまけ者　　　　：労力を出しおしむ、一生懸命やらない人

　3. 場を暗くする人：ネガティブで愚痴や文句ばかりを言っている人

　実験の結果、いずれのタイプもチームの生産性に同じぐらい悪影響を及ぼすことがわかった。ニックが参加したチームは、総じて30～40％も生産性が低下したのだ。例えば、やる気にあふれるチームの会議にニックが入って、ずっと下を向いていると、次第に他のメンバーもやる気を喪失し、会議が終わるころには、三人がニックと同じく下を向いてしまった。

　ただし、例外がひとつだけあった。ニックがどんなにがんばって演じても、ジョナサンがいるチームだけはパフォーマンスが落ちなかった。彼だけは「ニックが注入した毒を中和させる技術」を持っていたのだ。ジョナサンがチームにいると、他のメンバーはすぐにやる気をとりもどし、目標に向かって邁進していく。彼はいったいどんな魔法を使って、ニックの心理的な干渉を防いでいるのだろうか。少なくとも、彼は「面と向かってニックに注意」したりはしていない。映像を何度も見直すことで、ようやく彼

の技術が明らかになってきた。

　彼の魔法は「微妙なボディランゲージ」からはじまっていた。 例えば、ニックが暴言を放つと、ジョナサンは身を乗り出して笑顔を振りまく。場が少しやわらぐと、すぐさまジョナサンは簡単な質問をして、相手の答えを熱心に聞いた。するとチームに活気が復活し、メンバーは再び心を開き、自由に意見を交換するようになる。協力関係が再構築され、目標に向かうチカラをとりもどすのだ。ジョナサンは、直接的な言葉ではなく、間接的な表現を使うことで、場に安全を提供していた。「さあ、みんな、ここは安全な場所だよ。だから怖がらないで自分の意見を言ってほしい。みんなの考えをぜひ聞きたいと思っているんだ」。ジョナサンはリーダーではないし、指示も鼓舞もしない。小さなメッセージを送り続けることで、心理的安全性を生んでいたのだ。

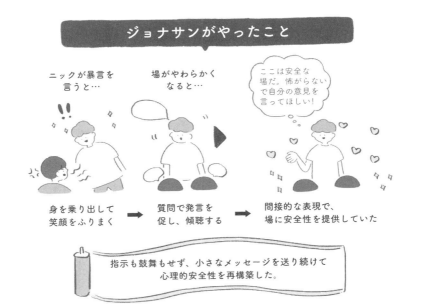

ジョナサンがやったこと

ニックが暴言を言うと…

場がやわらかくなると…

ここは安全な場だ。怖がらないで自分の意見を言ってほしい！

身を乗り出して笑顔をふりまく　→　質問で発言を促し、傾聴する　→　間接的な表現で、場に安全性を提供していた

指示も鼓舞もせず、小さなメッセージを送り続けて心理的安全性を再構築した。

　彼の微妙なメッセージを抽象化できないだろうか。ここで、異なる研究を紹介したい。MITメディアラボのアレックス・ペントランド教授が提唱した「ソーシャル物理学」の考えに基づく実験だ。メディアラボでは、7年にわたって21組織、述べ2500人に電子バッジを装着してもらうことで、メンバーのコミュニケーション行動（声の調子、身振り手振り、相手や会話量など）を毎秒5回の頻度で記録し、そのビッグデータを解析して、チーム成果を予測する実験を行った。テーマはプロジェクト・アリストテレスと同じ「生産性の高いチームの成功因子」を探ることだ。この実験の考察から、チームのパフォーマンスは「帰属シグナル（Social Signal）」と強い相関関係があることが発見された。ジョナサンの発信していたメッセージは、まさにこの「帰属シグナル」だったのである。

　帰属シグナルとは「安全なつながりを構築するような態度」のことで、人によってさまざまなバリエーションがある。例えば、笑顔、物理的な距離の近さ、アイコンタクト、相手と同一の動作、エネルギーの交流、順番に発言、相手への気配り、ボディランゲージ、声の高さ、ぶれない価値観などだ。

　熱意あるコミュニケーションが促進されるような態度をとる。特定の人だけではなく、すべてのメンバーが尊重されているということを示す。未来に向けたメッセージで場に希望をもたらす。この組み合わせを「コミュニケーションのシグナル」として発信するのだ。特に「笑顔と情熱、均等な発言機会、希望にあふれたビジョン」は、とてもパワフルな帰属シグナルだ。

　これらのシグナルがすべて合わさると「あなたはここにいて安全だ」というメッセージになり、場に心理的安全性がもたらされる。ただし、人間の脳は一貫したメッセージを求めており、壊れる時は一瞬であることを注意したい。チームにはさまざまな環境変化があるし、メンバー個人にも感情の波がある。怖いボスの関与もあれば、外部とのコラボレーションもあ

る。場に不安が舞い降りた時、すぐに「帰属シグナル」を発信できるメンバーが多いほど、場は安定し、安全なものになる。

　そしてもうひとつ、ジョナサンは大切なことを教えてくれる。性格が明るい人は多いが、暗くなった場を明るく照らせる人はとても少ない。太陽の光を反射して輝く月ではなく、自ら光を放つ太陽のように振る舞える人こそ、組織にとって希少な価値を持つ人材なのだ。

　人間はミラーニューロンを備えているために、他者との相互作用が発生し、無意識のうちに環境から強い影響を受けてしまう。太陽のように振る舞うことは難しいのだ。場に不安や恐れが生まれた時、「意識的に安心をもたらせる人」がいる組織は非常に強く、組織のレジリエンス（復元する能力）につながってゆく。知識社会における縁の下の力持ち、隠れた主役として、目立たぬジョナサンに光をあて、最大限の敬意を表したい。

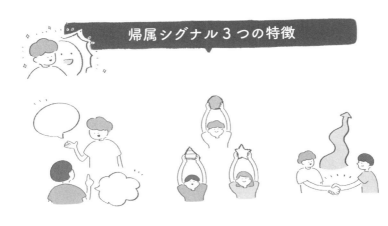

帰属シグナル3つの特徴

対話の促進

メンバー間の交流を
大切にし、促進すること

個人の尊重

個々のメンバーを、
独自の存在として尊重すること

未来志向

チームの関係は、この先も
続くことを示唆すること

多くのリーダーが持つ、心理的安全性を壊す４つの思考

　場の心理的安全性に最も大きな影響力を持つのは、その場におけるリーダーである。ここでいうリーダーとは上司や指導的な立場の人物など、そのチームにおける権威者を指す。そして多くの場合、場のリーダーは心理的安全性に悪影響を及ぼしているのだ。

　ひとつの理由は、リーダーは「メンバーの行動を評価する役割」を持つことが多いからだ。例えば、エドモンドソンは、世界の職場において共通した「職場で言ってはいけない暗黙のルール」があるとした。

- 上司が手を貸した可能性のある仕事を批判してはいけない。
- 確実なデータがないなら、何も言ってはいけない。
- 上司の上司がいる場では、意見を言ってはいけない。
- 他の社員がいるところで、ネガティブなことは言ってはいけない。

　これらの多くは上司の面目を潰さないためであり、さらに言えば、いい評価、いい人間関係を維持するための防衛本能だ。実際の職場では、組織で賢く振る舞う知恵として、暗黙的に奨励されていることも少なくない。そのために、上司と部下には「発言と沈黙の非対称性」が生まれてしまう。上司は「何でも言える」と感じているが、部下はいろんなことを気遣っている。上司には部下の不安が見えないのだ。

　特に、優秀な成績をあげて、挫折を知らずに高い立場についた上司は、部下に厳しい言動をする場合が多く、無意識に場の安全性を壊しているケースが多い。優秀なリーダーは、自分を律することで成績を上げてきた成功体験を持っており、そこから「組織も厳しく律すれば成果を出せるは

ず」と思ってしまいがちだからだ。ヘンリー・ミンツバーグは、著書『MBA
が会社を滅ぼす』にて、MBAホルダーは論理に偏り、人への共感を失いが
ちで、知識と行動のバランスが崩れやすいと警鐘を鳴らしている。ここで、
優秀な人材ほど陥りやすい、典型的なリーダーの思考のくせを4つほど下
記にあげておこう。

　中でも「犯人探しの本能」は、場の心理的安全性を激しく毀損する思考
であるが、ほとんどの組織において「正しい行動」として理解され、定着
している。特に、規律を重んじる生真面目な業界、コンプライアンスを過
剰に重視する組織においては「犯人を探し、責任をとらせ、再発を防止す
ること」こそ問題解決の最善手と考える傾向が強く、非常に根が深い問題
と言えるだろう。

心理的安全性を壊す4つの思考

完璧主義
他者のすべての行動に
完璧さを求めたい

コントロール欲求
他者の思考や行動を
自分の統制下におきたい

過度の所属欲求
同じ価値観や意見を持ち、
一体感ある仲間でいたい

犯人探しの本能
悪いことが起きると、
犯人を探して非難したい

「犯人探し」という大罪

エドモンドソンは、大学病院の看護チームを対象とした実験を行い「犯人探し」が成果にどのように結びつくかを検証した。トラブルを発見した時に、その犯人を探して非難を加えることの是非である。

例えば、ある看護チームは規律を非常に重視しており、看護師長はミスが起きるたびに看護師を密室に呼び出し、手厳しく問いただしていた。調査開始当初は、このような看護師長の行動が正しいと考えられていた。規律の厳しいチームでは、看護師からのミスの報告がほぼなかったからだ。しかし、詳しく調査してみると実態は異なることがわかってきた。厳しいチームではミスの報告は少なかったが、実際には多くのミスを犯していた。一方、やさしいチームは逆だった。ミスの報告は多かったが、実際に犯したミスは、厳しいチームよりも少なかったのだ。

非難傾向が高いチームではミスの報告は少なかったが、
実際には多くのミスを犯していた。

人は怒りの感情から、問題が起きると犯人を探してしまう本能がある。責任者になるとその傾向はさらに強まる。問題の経緯や真因を探って学習することより、誰の責任かを追及することに気をとられてしまうのだ。厳しく罰すれば、メンバーが奮い立って勤勉になると信じているからだ。自らの責任回避の意図もあるだろう。

諸葛孔明は「泣いて馬謖を斬る」ことで規律を守ったという。確かに厳罰によって組織は保たれたが、長い目で見ると、将の挑戦心を失わせ、有能な人材が枯渇する原因になった可能性も高い。当時よりも遥かに複雑で、組織の学習能力が求められている知識社会において「人は変わるもの、失敗は学ぶもの」という視点が欠けた懲罰は、組織にとって失うものが多い施策といえるだろう。多くの管理職に浸透している「非難や懲罰には規律を正す効果がある」というメンタルモデルが、組織の学習能力、場の心理的安全性を大きく毀損させる原因となっているのだ。

やさしいチーム

失敗から学ぼう

非難傾向が低いチームは逆だった。ミスの報告は多かったが、
実際に犯したミスは、非難志向のチームよりも少なかったのだ。

心理的安全性のためにリーダーができる7つのこと

　どのようなリーダーが、場の心理的安全性をつくるのか。エドモンドソンは、右ページのような行動を提唱している。最後の「境界（規範）を設ける」だけ、やや毛並みが異なるので、彼女の例えを引用しよう。

　規範は、橋に設置されたガードレールのようなものだ。ガードレールがなければ、車はセンターラインの近くに寄せて走るだろう。ガードレールが設置されていることで、追い越し車線を走れるのだ。心理的安全性を担保するための規範は大切で、それを考え、意味とともに伝えるのはリーダーの大切な役目である。

参考資料

トレイン・ザ・トレーナー

　心理的安全な文化を醸成するには、メンバーの意識まで変革する必要がある。その実現方法として推奨したいのが、リーダーが心理的安全性の先生になる「トレイン・ザ・トレーナー」だ。この背景には、米国の教育学者マルコム・ノウルズが提唱した「成人学習」の概念がある。ノウルズは教師が教える「学校教育」と次の点で異なるとした。①成人は自らが学ぶことの計画と評価に直接関わる必要がある②失敗も含めた経験が学習活動の基盤を提供してくれる③成人は自らの職業や暮らしに直接関わるテーマの学習に最も興味を示す④成人の学習は内容中心型ではなく問題中心型である。

　リーダーに「心理的安全な場づくりの方法」を教えるのでなく、部下にそれを伝えるためのトレーニングと機会を提供する。リーダー自身が心理的安全性の大切さを伝える立場になるため、自尊心を満たしながら自己理解を深め、チームへの浸透も図ることができるのだ。

エドモンドソンが提唱するリーダーの行動

直接話のできる、
親しみやすい人になる

現在持っている知識の
限界を認める

自分もよく間違うことを
積極的に示す

参加を促す

失敗は学習する機会であることを
強調する

具体的な言葉を使う

境界（規範）を設け、
その意味を伝える

リーダーは「素の自分」を見せる勇気を持て

これまでは「リーダーは強くあるべき」というイメージが支配的だった。確かに、強敵と戦うとき、逆境に立ち向かうとき、組織には信念と勇気が必要である。今も昔も変わらないリーダーの資質といえる。しかし、知識社会に入って、それとは全く別の勇気が必要になった。それは、悩みや弱みも含めた「素の自分を見せる勇気」である。なぜ勇気が必要なのか。実はリーダーも、上司や部下からの評価の目にさらされており「なめられてはいけない」「弱いリーダーと思われてしまう」「部下を統制するのにマイナスになる」というメンタルモデルを持っているからだ。しかし、その思い込みがチームの生産性を下げてしまう。安全な場をつくるためには、強い影響力を持つリーダーが、自身の「強がりの仮面」をはずすのが最も効果的だ。リーダーが率先して「ホールネス」のお手本になるのだ。

リーダーが弱さを見せると、メンバーはその「帰属シグナル」を受け取って安心し、弱さを開示するようになる。「下手なことを言うと評価されてしまう」という恐れが減衰し、「この場は強がらなくてもいいんだ」という安心感が生まれるのだ。メンバーの本音を聞けると、リーダーも安心できる。このような相互作用で、弱さのループが確立されるのだ。強がっている人間同士で、思いやりや助けあいが生まれることはない。お互いの得意や不得意がわかることで、はじめて「それだったらわたしがこれをできるよ」という関係性が生まれてくるのだ。

みながスーツを着てキリッとしているビジネスの会議で、強がらない姿勢を見せるのはとても勇気のいることだ。だからこそ、もっとも影響力のあるリーダーから、強がりの仮面を外すのだ。すると会議全体がリラックスした雰囲気になり、心理的に安全な場が形成されていく。心理的安全性は比較的新しい概念だが、ピーター・ドラッカーは1973年の著書『マネジメント』の中で、「リーダーに任命してはいけない人物」として、5つのポイントをあげている。

- 人の強みよりも、人の弱みに目を向ける者
- 何が正しいかよりも、誰が正しいかに関心を持つ者
- 真摯さよりも頭のよさを重視する者
- 部下に自分の地位を脅かされると脅威を感じる者
- 自らの仕事に高い水準を設定しない者

　彼の提示した人物像は、まさに心理的安全性を下げ、チームの総合力を奪うリーダーである。リーダーの陥りやすい留意点として、心に留めておきたい。

参考資料

ハグ・ア・サグ

　暴動を取り締まる鍵は、暴動を取り締まらないこと。社会心理学者クリフォード・ストットが開発した際立った性善説の理論は、世界で最も凶悪なフーリガンが集まる「サッカーのヨーロッパ選手権」という大舞台で、その真価を試されることになった。

　2004年の会場となるポルトガルの警察に対して、ストットは「暴動鎮圧用装備を一切使わないこと」と指示した。装甲車はもとより、盾・警棒・ヘルメットなどはすべて市民の目につかないようにしたのだ。また、治安維持を担当する特別部隊を「親しみやすく、ユーモアのセンスがある人」という基準で編成し、出場チームやファン、さらにはコーチの経歴、チームの戦略、選手のゴシップなどを学ぶ機会を設けた。メンバーとファンがサッカー談義をできるようにしたのだ。

　最も難しかったのは「警察官の意識を変える」ことだった。フーリガンは、公共の場でボールを蹴って遊ぶ習慣がある。それが通行人やカフェのテーブルに落ちてきた時に小競り合いが始まり、やがては暴動に発展してしまう。そこでストットは「フーリガンの蹴ったボールが自分の足元に来るまで、好きなようにやらせておく」ようにと指示した。警察だからといって有無を言わさずボールを取り上げるような力の不均衡が問題を生んでいると考えたからだ。

　この実験は大成功だった。三週間の大会期間で100万人以上のファンがポルトガルを訪れたが、ストットの方針が採用された地域で逮捕されたファンは1人。暴動が起こったのは、警察が従来の装備で警備していた地域だけだった。

06 心理的安全性の落とし穴

① 空気読みすぎ体質〜「気配りこそ命」という誤解

　場の心理的安全性を高めたい。頭ではわかっていても、なかなか一筋縄にいかない。自分自身の感情と向きあう必要があること。参加する全員がそれを理解し、実践する必要があること。環境に大きく影響されること。参加する人たちが相互に調和することで、場の安全性は保たれる。その前提を理解せず、単純に「場を安全にしよう」と考えてもうまくいかず、迷路に迷い込んでしまうことが多い。この節では、心理的安全性をめぐる試行錯誤の過程で、陥りやすい落とし穴を3つほど提起したい。

　はじめに、心理的に安全な場をつくろうとするあまりに、相手の反応や顔色をうかがうことが習慣化して、自分を主張できなくなってしまう問題をとりあげたい。これは、仲がよくなりすぎるチームに起きることが多く「集団浅慮」と呼ばれている。それ以外でも、初対面で探り合う場、権威あるボスを囲む場などでは、つい空気を読みすぎてしまうために、意識しないと本音で話すことは難しい。本音で話そうと意識しすぎると、対立を強調するような口調になってしまうこともあり、なかなかやっかいだ。

　また、心理的安全性を過剰に意識するリーダーや、いい人に見られたい意識が強いリーダーも、この落とし穴にはまりやすいので注意が必要だ。リーダーが心地いいことしか言えないと「自分は正しいのに、現実が思い通りいかないのは、環境に問題があるからだ」と考えはじめて、チームメンバーに他責の思考習慣がつきやすい。評論家のような意見が増え、チームの求心力が弱まってゆく。リーダー自身も「この言葉はメンバーを傷つけないか」「どう表現すれば場が和らぐのか」と、意識が言葉選びに向いてしまう。「強がりの仮面」ではなく「いい人の仮面」をかぶることになり、自身の心理的安全性を落としてしまうのだ。

このような空気を打破するためには、意識を内側（人間関係）から、外側（価値創造）に向けること。ポジティブもネガティブもつくろうとせず、ナチュラルに振る舞う習慣をつけることだ。心理的安全性の基盤であるホールネス、自然体の自分をさらけ出すこと。リーダーであれば、他者に心地いいことを言うのではなく、自分の悩みや弱さもオープンにした上で「組織をよくしたい」「価値を生み出したい」と自身の思いを情熱を込めて語ることだ。いかなる場面においても、メンバーがホールネスで参加する行動習慣がつくことで、組織の生産性と個人の幸せがともに高まる素地ができるのだ。

心理的安全性の落とし穴　その1

・落とし穴：空気を読みすぎてしまい、自分自身が本音を話せていない
・解決策：いつでも自然体に。ウチからソトに意識をシフトする

落とし穴①「気配りこそ命」

空気を読みすぎてしまい　　　自分自身が本音で話せない

解決策

いつでも自然体で。

ウチからソトに意識をシフトする。

② 決められない組織 〜「全員一致すべき」という誤解

　リーダーシップ不在の組織、人間関係が希薄な組織、生真面目な組織などが心理的安全性を重視しようとすると「一人ひとりの意見を大切にすべき」という意識が過剰になり、すべての意見を均等に重んじる方向に進むことが多い。しかし全員の意見をそのまま取り入れることは、対話や議論を放棄することの裏返しであり、結論の先延ばしか、多数決かの二択になってゆく。前者は価値創出の機会を逃し、後者は組織内に亀裂を生みかねない。

　特に、計画や手続きの尊重・厳格な品質・均質なサービスを求める組織（行政・金融・メーカーなど）は、言葉を忠実に実行しようとする「取り入れ型の思考」に落ち入りやすい。また、リスクへの感度も高く、誰かがリスクを指摘すると、責任回避に意識が向かい、場が固まってしまう。すべてのリスクを避けるべく複雑な議事録が配布され、さらに何も決められない状態に陥る。一方で、目に見えないリスクや、責任の所在があいまいなリスク、例えば「先延ばしのリスク」は無視されてしまう。いつまでたっても結論を出せず、北条家を滅亡に導いてしまった痛恨の重臣会議、小田原評定そのものである。

　ティール組織であるビュートゾルフでは、リーダーなしでも意思決定できるよう「相互作用による問題解決法」を全組織で共有している。この画期的な意思決定メソッドは、3つのラウンドから成っている。

　　学習課題の共有：メンバーが抱える問題を共有して提案を募る。ファシリテーターは判断を下さない
　　第三案の共創：それをベースに修正や改善が加えられて、全員で第三案としての解決策がつくられる
　　信念に基づき実行：多数決はしない。信念に基づいて異議を唱えるメンバーがいなければ解決策が採用される

　例えば「別の解決策の方が良いかもしれない」という理由では拒めない。新たな情報が入った時には、いつでも見直すという共通の価値観があるからだ。個人の信念を尊重し、走りながら現実にあわせて修正していくという考え方だ。

　リスクゼロを志向すると、自らを変革するチカラを失うこと。組織のパーパスを共有し、多様な意見こそ価値を生む源泉であること。この二点を共有しよう。未来にチャレンジしてこそ、組織は学習でき、新しい知識を得られる。メンバー全員が対話し、走りながら考え、小さな実験から学ぶ行動習慣を身につけることが大切なのだ。

心理的安全性の落とし穴　その2

・落とし穴：均質さやリスクを重んじ全員一致を目指すので、何も決まらない

・解決策：対話を大切にする。パーパスを共有し、走りながら考える

落とし穴②「全員一致すべき」

均質さやリスクを重んじ
全員一致を目指すので

何も決まらない

解決策

対話によってパーパスを共有し、

走りながら考える

③ 話しあい万能主義〜「話しあえば解決する」という誤解

　対話や議論、その基盤となる心理的に安全な場づくりは、チームづくりにおいて最も重要な基盤である。しかし、それですべてが解決するわけではない。例えば、アイデアを創出するプロセスにおいては、①発散局面：アイデアをひろげる段階、②収束局面：アイデアをまとめる段階、がある。①は具体化のプロセスであり、多様な視点からの多様なアイデアを出すために話しあいが重要だが、②は抽象化のプロセスであり、少数精鋭による情報集約と卓越した創造性（思考のジャンプ）が必要となる。

　1978年にノーベル経済学賞を受賞した経営学者ハーバート・サイモンは、チェス名人に、チェスの盤面上の動きを数秒見せて、それを再現させるという実験をした。興味深いことに、実際の対局から抜き出した局面だとほぼ間違えることなく再現できたが、ランダムな配列だと初心者と同じぐらいしか再現できなかった。チェス名人は駒の配列を映像として覚えるのではなく、典型的なパターンの組み合わせとして覚えているということがわかったのだ。この実験から、専門能力とは「脳内にある、数万のつながり記憶（チャンク）」であること。また、人間がそれを獲得するには少なくとも数年間の経験が必要だとサイモンは考察した。

　サイモンの時代と比較すると、今の世界は飛躍的に複雑になった。あらゆる分野は、テクノロジーによって相互に深くつながっている。ひとつの特化した分野だけでなく、幅の広い知識や多様な経験をもとにした、分野横断的な専門能力の重要性も認識されてきた。課題に適合した、多様な専門人材を集められるか。多様性と心理的安全性のかけ合わせこそ、知識社会における競争優位の源泉となってきたのだ。

　また、個人の専門能力が必要なのは、アイデアの収束局面だけではない。話しあいのテーマ設定自体、難易度が高いケースも多い。かつて、アインシュタインは「もし私に、地球を救うために60分の時間が与えられたとし

たら、59分を問題の定義に使い、1分を解決策の策定に使うだろう」という名言を残している。問題設定の良し悪しで、話しあいの価値に大きな差がでてしまうのだ。

問題設定のプロセスにおいても、アイデア収束のプロセスにおいても、個人の専門能力や創造性が鍵を握るということだ。心理的に安全な場は、必要条件だが、十分条件ではない。心理的に安全な場がないと個人の能力は活かされないが、話しあいだけですべてが解決するわけではない。チームと個人の相互作用によって、高い付加価値は生み出されるのだ。

心理的安全性の落とし穴　その3

・落とし穴：話しあえばすべてが解決するはず。でも実際には解決しない
・解決策：発散と収束を意識して、チームと個人の相互作用を最大化する

落とし穴③「話しあえば解決する」

話しあえば
すべて解決できるはず！

でも、実際には解決しない

解決策

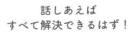

発散と収束を意識して、チームと
個人の相互作用を最大化する

07 　僕たちは、安全に対話できる場をつくる

リーダーは、強がりの仮面をはずそう

　この章では、成功循環モデルの最初のステップ「関係の質」を高めるための実践的な知恵と技術を考えてきた。これは「学習する組織」をつくるための核心となるものである。ここで学びをまとめておこう。

　はじめに、ふたつのコミュニケーションをとりあげた。「ディスカッション」は、ひとつの正解を探して、意見を主張しあい、妥協点を見つけるプロセスだ。それに対して「ダイアローグ」は、意味を共有し、相互理解を深めるプロセスだ。お互いの意見を戦わせる前に「どうしてそう考えるのか」という文脈を理解しあう。それによって健全な第三案が生まれる。ダイアローグとディスカッションを共存させるためには、誰もが「思ったままの意見を発言できる場づくり」がキーとなる。

　グーグルによる大規模な研究で、チームには集団的知性があり、それを高めるには「誰がチームのメンバーであるか」よりも「チームがどのように協力しているか」が大きく影響すること、特に「場の心理的安全性」がチームの成功因子であることが導き出された。他の研究で、心理的安全性は、チームの業績向上、イノベーションの創出、プロセス改善の創出、意思決定の質的向上、組織学習の促進などに効果があることが実証されている。

　心理的安全性を阻害するのは「無知・無能・否定・邪魔に対する不安」であり、いずれも他者から評価されていることへの意識が原点にある。そのため、多くの職場では長所を強調して欠点を隠す行動習慣が根づいている。その結果、素の意見を場に出せず、チームの生産性を落としていることがわかってきた。

心理的安全性の低い場にはふたつある。参加者がマウントをとりあい、勝ち負けが決まるような「自論を戦わせる場」と、つきあいが長く、馴れあいのような「空気を読みあう場」だ。ざっくばらんに多様な意見を出しあい、価値を生み出せる「本音で共創する場」こそ、高い心理的安全性を維持した、理想的な協業の場といえる。

心理的安全性は「共感デザイン」と「価値デザイン」で高めていく。「共感デザイン」は、個々のメンバーが人間性を回復し、チーム内の関係性を高めて「コンフォートゾーン」に入るためのプロセスだ。続く「価値デザイン」は、率直な意見を出しあい、チームとしての価値創造を目指す「ラーニングゾーン」に入るためのプロセスである。

・共感デザイン① 自然体の自分にもどる〜ホールネス

ホールネスとは「偽りの自分」を演出することなく、ありのままの自分をさらけ出すことであり、心理的安全性の基盤ともなるものだ。自分本来の感覚や感情を尊重し、他者の喜びが自分の喜びに通じることに気づくことで、ふたつに分かれた自分を統合することだ。自分への自信をとりもどすと、自分の本音を、おそれることなく話せるようになる。

・共感デザイン② 他者を人間として尊重する〜他者の尊重

一人ひとりが人間としてつながりあうためには、他者を「利益をあげるための道具」としてみるのではなく「異なる価値観を持つ、対等な人間」として向きあう姿勢を持つこと。組織のメンバーが、お互いを人間としてリスペクトする意識を持つことが、心理的に安全な場の基盤となる。

・共感デザイン③ 本音で話せる間柄になる〜相互の理解

お互いの心の中の不安を取り除くためには、メンバーの相互理解が必須となる。相手の気持ちを想像し、できるだけオープンに自己開示をする。それによって双方の心の中にある不安が解消されてゆく。チームの人数も大切だ。スター型の統制型チームでは5〜8名が最適とされるが、メッシュ

型の自律型チームでは3〜5名が理想的だろう。

・価値デザイン① 意識を価値創造に向ける〜パーパスの共有

「共感デザイン」で関係性を深めたら、続いて、メンバーの視点をウチからソトに向けること。チーム内の人間関係から顧客の価値創造への意識変革をすることである。リーダーもメンバーもなく、組織のパーパスを実現するための価値創造に意識が向くことで、多様な意見を組み合わせ、健全な第三案を生み出すための環境が整ってゆく。

・価値デザイン② 建設的に第三案を共創する〜第三案の共創

　怒りや落ち込みといったメンバー個人の過剰反応は、チーム全体の心理状態に影響する。自動的な思考のもとになる「推論のはしご」を意識しよう。想定外の悪い事実が発生した時、人から反論された時などに「推論のはしご」をゆっくり登る習慣をつけておくと、信頼関係の醸成や、心理的に安全な場づくりにプラスになる。

・価値デザイン③ 場に安心を生む〜安心感の醸成

　感情はとてもゆらぎやすく、心理的安全性も確固たるものではない。そのために、安心を構築する技術が重要となる。「あなたはここにいて安全だ」という帰属シグナルを送り続けること。帰属シグナルを発信できるメンバーが多いほど、場は安定し、安全なものになる。暗くなった場を明るく照らすジョナサンこそ、心理的安全性におけるキープレイヤーだ。

　心理的安全性に最も大きな影響力を及ぼすのは、場のリーダーである。リーダーは、完璧主義、コントロール欲求、過度の所属欲求、犯人探しの本能を持ちやすく、場の安全性を崩してしまう。リーダーに求められることは、親しみやすく、間違いを認め、具体的な言葉で参加を促すこと。失敗は学習する機会だと強調すること。安全性を担保する規範を考え、その意味を伝えることである。特に大切なのは、強がりの仮面をはずして、素の自分を見せる勇気を持つこと。それによってメンバーは安心し、場に思

いやりや助けあいが生まれてくる。

心理的安全性を追求する際に、はまりやすい落とし穴がある。ひとつめは仲良しチームにありがちな「気配りこそ命」という誤解である。ありのままの自分をさらけ出すホールネスとパーパスの共有を意識することだ。

ふたつめは生真面目なチームにありがちな「全員一致すべき」という誤解である。パーパスを共有し、走りながら価値創造を考える行動習慣を身につけることが大切だ。

3つめは「話しあえば解決する」という誤解である。価値はチームと個人の相互作用によって生み出されるものであり、心理的に安全な場だけで解決できるものではない。特にアイデアを収束する局面においては、専門能力や個人の暗黙知が重要になる。

成功循環サイクルの「関係」の質を高める

関係
START

Good Cycle

結果 ← 思考

行動

① 関係の質　対話からはじめる。率直に話しあう場をつくり、信頼関係を築く

② 思考の質　前向きな気持ちになり、いいアイデアが生まれる

③ 行動の質　一人ひとりが自律的に行動し、問題がおきたら助けあう

④ 結果の質　自然にパフォーマンスが高まり、成果がでる

⑤ 関係の質　組織への帰属意識が高まり、さらに結束が深まる

「関係性」は、組織の土壌である

　この章では「関係の質」を高めるための場づくりを考えてきた。フォーカスしたのは「人そのもの」ではなく「人のつながり」である。人を資本と捉えると、人そのものは「ヒューマンキャピタル（人的資本）」、人のつながりは「ソーシャルキャピタル（社会関係資本）」と表現できる。ソーシャルキャピタルは可視化しにくい「見えざる資本」だが、知識時代に入り、その重要性が認識されてきた。章の最後に、この考え方について補足しておきたい。

　わかりやすい例から入ろう。井伏鱒二の短編集『川釣り』の中に、実在の番頭さんをテーマにした小説がある。甲府湯村温泉の旅館、篠笹屋の「喜十さん」の話だ。彼は三人いる番頭の末席で、酒も煙草もやらずに話しベタ、ミスをして女中頭に頭ごなしにしかられてしまう、冴えない中年男だ。一方、伊豆八津温泉の旅館、東洋亭には「内田さん」という番頭がいる。

　気の利く粋な人物で、身だしなみもよく、周囲からは絶大な信頼を集めている。この番頭の名は「内田喜十」、つまり同一人物だ。毎年、甲府温泉が閑散とする冬夏のシーズンだけ、うだつのあがらない「喜十さん」は伊豆へ出向き、卓越した番頭「内田さん」に変身するのだ。

　同じ人間でも、組織によって発揮できる能力が異なってしまう。内田喜十さん個人の持つ能力は「ヒューマンキャピタル（人的資本）」であるのに対して、篠笹屋や東洋亭における関係性がもたらす資本は「ソーシャルキャピタル（社会関係資本）」と呼ばれている。「内田さん」のソーシャルキャピタルは彼の能力を十分に発揮させるものであるのに対して、「喜十さん」のそれは彼本来の能力を削いでしまうものであった。ソーシャルキャピタルの違いが、人の能力に大きな影響を与えていたのだ。

　このソーシャルキャピタル、なかなかやっかいなもので、いい按配でバ

ランスをとるのが難しいのだ。成果の達成に走ると組織はどんどん乾いていくし、人間関係に過剰に配慮すると組織はどんどん湿ってしまう。いずれの場合も、参加する人々は、本音を話すことが難しくなり、特定の人の意見に傾斜していってしまう。いかにバランスをとればよいのか。その答えをつきつめると「心理的安全性」にたどりつくといえるだろう。

この「ソーシャルキャピタル」という概念を世界に広めたのは、政治学者のロバート・パットナムである。彼はソーシャルキャピタルは組織の土壌のようなもので、いい土壌があれば、人は育ち、協業も進むし、土壌が悪くなると、組織は衰退に向かうと考えた。また、ソーシャルキャピタルは、ヒト・モノ・カネなどと同様に、現実的で生産的な資本だとした。例えば、信頼関係のある農村共同体では、干し草を束ねるのに協力しあい、農機具を広く貸し借りしあう。農機具や設備の形の物的資本が少なくとも、ソーシャルキャピタルのおかげで自分たちの仕事をやり終えることができる。

豊かな「ソーシャルキャピタル」を育むための三要素

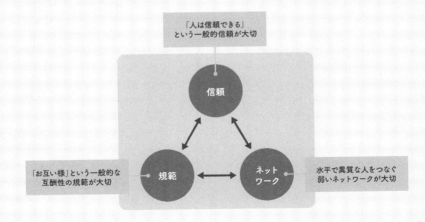

出典：ロバート・パットナム『哲学する民主主義』

　しかもソーシャルキャピタルは使っても減らない、むしろ信頼関係が深まることの多い資本なのだ。

　影響力のある経営思想家の一人、ジェフリー・フェファーも、異なる側面から、ソーシャルキャピタルの大切さを次のように述べている。

「ビジネスの成功を間違ったところに求めてしまうと、これまでの莫大な努力が徒労に終わってしまうことが往々にしてある。間違ったことに目がいってしまった結果、人材マネジメントによって得られる組織文化や組織の底力というものも見逃してしまう。一般に企業の競争力の優位性を生み出すとされる、戦略、技術、さらには世界的な知名度といったものでさえも、競争相手にとっては比較的容易にその内容やノウハウを解明して模倣することができる。しかし、組織文化は容易に模倣できるものではない。これこそが、成功を持続させるために何よりも重要なのである」

　彼のいう組織文化こそ、長い時間をかけて組織の土壌から生み出された「組織の至宝」であり、ソーシャルキャピタルの結晶である。そして、その根幹に「心理的安全性」をおくことは、知識社会における強力な成長エンジンとなるだろう。

　人は話せばわかりあえる。対話を通じて、いい関係性をつくることだ。その関係の質は、いい場から生まれる。いい組織を望むのであれば、手間と時間をかけて、組織の土壌を耕そう。まずは自分のチームからはじめる。僕たちが組織を変えていくために、それがはじめの一歩になるだろう。

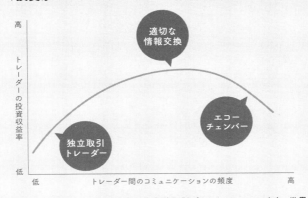

「投資家のコミュニケーションの頻度と投資効率」の研究

eToroはソーシャルネットワークを活用した金融取引プラットフォームであり、世界で150万人が利用する。有名トレーダーも金融取引を公開しており、一般ユーザーは彼らをフォローすることで、取引をマネできる。このeToroにおける取引ビッグデータを分析したところ、アイデアを交換する速度が上がると投資効率が高まるが、あるタイミングから逆に投資効率が落ちてしまうことがわかった。

出典：アレックス・ペントランド『ソーシャル物理学』

参考資料

エコーチェンバー

主にネット上で、似た意見の人同士がコミュニケーションすることで、意見や情報が偏る現象のこと。閉鎖的なグループの中では、人から人にアイデアを伝える際に、ほんの少し姿を変えることが普通なので、繰り返されても「同じアイデアがもとになっている」ことに気がつかないことが多い。そのため、他の人々が「自らの判断で同じ結論にいたったのだ」と思い込んでしまい、過度な自信をいだいてしまう。このエコーチェンバー（共鳴室）による自信増幅効果は、ブームやバブルを生みだす一因となっている。密度の高いフィードバックループは一種のバブル状態と言える。

チームを動かす、
北極星を見つけよう

〜 意味の共有で、思考の質を変える

会社の盛衰は、真実の瞬間で決まる。

1981年、39歳の若さで、ヤン・カールソンは社長になった。赤字で瀕死の状態だったスカンジナビア航空を、わずか一年で蘇らせ、世界的に注目を集めることになった。

改革の骨子はシンプルだ。
全社員の目を「真実の瞬間」に向けることだった。

真実の瞬間（Moment of Truth）とは、闘牛士が闘牛と接触する「死命を決する瞬間」のこと。彼はビジネスにも真実の瞬間があると考えた。それは「顧客と社員が接触する瞬間」である。

同社の旅客は年1000万人。搭乗すると顧客は平均で5回、15秒ほど社員と接触する。つまり、年間5000万回、しかし15秒しかない真実の瞬間に、顧客の脳裏にブランドが刻まれるような体験を提供すること。「スカンジナビア航空を選んでよかった」と感じてもらうこと。それが私たちの仕事の意味なのだ。そう全社に問うたのだ。

その実現のために、カールソンは組織のヒエラルキーを逆転させた。最前線でお客さまに接する社員を主役にして「自ら考え、行動する権限」を現場に委ねたのだ。そして4000万ドルの無駄な経費を削減し、4500万ドルをビジョンの浸透に投資した。北極星を得た社員の士気は一気に高まり、同社のファンを生んだ。わずか一年で黒字転換し、1984年には「ビジネス旅行客にとって世界最高の航空会社」に選ばれた。

彼がしたことはなにか。それは、数字に追われていた社員の思考の枠組みを、顧客への価値に向けたこと。一人ひとりに「仕事の意味」を問いかけ、それを実現するための仕組みをつくることだった。

あなたは、なんのために仕事をしているだろうか。
これがこの章のテーマであり「思考の質」の核心となるものである。

01 すべてはWHYからはじまる

人の心を動かすものは何？

『星の王子さま』の著者、サン=テグジュペリの残した名言がある。

「船を造りたかったら、人に木を集めてくるように促したり、作業や任務を割り振ったりはせず、はてしなく続く広大な海を慕うことを教えよ」

もし、あなたが「船をつくるミッション」を与えられたリーダーだったら、何をメンバーに伝えるだろうか。作業や任務を考え、それを割り振ることだろうか。それとも、目の前でキラキラと輝く海の雄大さを熱く語るだろうか。

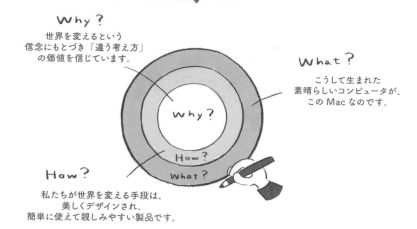

アップルのゴールデンサークル

Why？
世界を変えるという
信念にもとづき「違う考え方」
の価値を信じています。

What？
こうして生まれた
素晴らしいコンピュータが、
この Mac なのです。

Why？

How？

What？

How？
私たちが世界を変える手段は、
美しくデザインされ、
簡単に使えて親しみやすい製品です。

出典：サイモン・シネック『WHYから始めよ！』

　周囲の人の心を踊らせる。感激させる。行動に駆り立てる。偉大な能力を持つリーダーがいる。彼らは個性が強く、類型化することはできない。必ずしも言葉を流暢に操るわけでもない。サイモン・シネックは、歴史に名を連ねる傑出したリーダーの言動を調査し、ひとつのパターンを見出した。彼らは決まって、行動を促す前に、情熱をこめて、その行動の意味を説いていた。彼等の言葉は、すべて「WHY」からはじまっていたのだ。

　会社も同じことだ。創業以来、何年、何十年と「WHY」を明確にしているのは、傑出した組織だけだ。仕事の意味を忘れた組織は、競合との戦いに勝つために、日々のレースに参戦することになる。組織が持つ巨大なチカラが、社員や顧客の幸せのためではなく、必然性のない数字を追うことだけに費やされてしまう。

WHY から はじめよ

傑出したリーダーの言葉はすべて
WHYからはじまっている。

会社も同じ。

仕事の**WHY**を忘れた**組織**では、
組織が持つ大きなチカラが**必然性**のない
数字や**競争**に費やされてしまう。

出典：サイモン・シネック『WHYから始めよ！』

メンバーの「しなくちゃ」を「したい」に変えよう

なぜ、仕事の意味を伝えることが大切なのだろうか。それは、メンバーの「しなくちゃ」という意識が「しよう」とか「したい」という感覚に変わるからだ。これは、人が自律的に動くための核心であり「自走する組織」の原動力となるものだ。内発的動機づけの研究で名高いエドワード・デシは「自己決定理論」の中で、動機づけには6段階あることを提示している。

封建時代の政治原理に「民は由らしむべし、知らしむべからず」というものがあった。出典は論語だが、江戸時代には「法律や施政の意味など人民に教える必要はない、一方的に守らせればよい」という意味で用いられた。このような物事の伝え方は、表の一番左側にある「無動機づけ」にあたる。

続く「外発的動機づけ」とは、外部からもたらされる目標があり、その

動機づけの6段階

他律的 ←

動機付け	無動機づけ	外発的動機づけ	
自己調整	① なし 非意図的、有能感の欠如 統制感の欠如	② 外的調整 従順 外的な報酬や罰	③ 取り入れ的調整 自我関与
因果の位置	非自己的	外的	外的寄り
言葉にすると	したくない やりたいとは思わない 言われたから しかたなくする 言われないと行わない	しかたない 人から言われしかたなく やらないと叱られるから 報酬を得るため、 もしくは罰をさけるために 仕事をする	しなくちゃ 不安だから 恥をかきたくないから 周囲の評価や競争心から、 言われた通りに 仕事をしている
例	指示されたので、 しかたなく報酬なしで 仕事をしている状態	生活費を稼ぐために、 ボスに怒られないように 仕事をしている状態	上司やまわりから 認められ、 出世するために 仕事をしている状態

目標を実現するために行動しようとすることである。強制、義務、賞罰などによってもたらされる動機づけとも言える。この「外発的動機づけ」には4段階があり、次第に内発性が高まってくる。

一番右側にある「内発的動機づけ」は、好奇心や関心、そこから生まれるやりがいや達成感など、自分自身の内なる欲求に起因するものである。この無動機づけから内発的動機づけまでが、デシが考えた動機づけの6段階である。

① 無動機づけ「したくない」
　　言われたからしかたなくする。言われないと行わない。
② 外的調整〜アメとムチによる動機づけ「しかたない」
　　報酬を得るため、もしくは罰をさけるために仕事をする。
③ 取り入れ的調整〜義務感による動機づけ「しなくちゃ」
　　周囲の評価や競争心から、言われた通りに仕事をしている。

自律的 →

動機付け	外発的動機づけ		内発的動機づけ
自己調整	④ 同一化的調整 個人的な重要性 感じられた価値	⑤ 統合的調整 気づき 自己との統合	⑥ 内発的調整 興味、関心 楽しさ
因果の位置	内的寄り	内的	内的
言葉にすると	すべき 自分にとって重要だから 将来のために必要だから 仕事に価値を感じて、 楽しくはないが 自ら仕事をしている	しよう することが自分の価値観と 一致するから 仕事の意味が 腹落ちしており、 積極的に仕事をしている	したい 面白いから、楽しいから 興味があるから、好きだから 仕事そのものが好きで、 好奇心から自ら進んで 仕事をしている
例	リーダーという役割を得て、 責任感を感じて 仕事をしている状態	意味をよく理解し、 やりがいを感じて仕事に 取りくんでいる状態	仕事が楽しく、 充実感を感じて、 夢中に仕事に 打ちこんでいる状態

出典：エドワード・デシ『人を伸ばす力』

④ 同一化的調整〜必要性による動機づけ「すべき」

　仕事に価値を感じて、楽しくはないが自ら仕事をしている。

⑤ 統合的調整〜目的や価値観共有による動機づけ「しよう」

　仕事の意味が腹落ちしており、積極的に仕事をしている。

⑥ 内発的動機づけ〜好奇心からの動機づけ「したい」

　仕事そのものが好きで、好奇心から自ら進んで仕事をしている。

　仕事の意味をどう伝えるか、どう受け取られるかによって、本人の積極性は大いに変わってくる。例えば、賞罰で行動を統制すれば「しかたない」となるが、本人がしっかりと腹落ちすれば「しよう」という感覚になるのだ。このように、組織や社会が持つ規範を、自分自身の規範として受け入れることを「内在化」または「内面化」という。

　気をつけたいのは「内在化」には、似て異なるタイプがあることだ。例えば、「③ 取り入れ」とは規範を噛み砕かずにまるごと飲み込むこと。その場合、規範は「外部から発せられた心の中に響く声」となり、外部からの命令として吸収される。結果として融通のきかないルール運用につながってしまう。一方で「⑤ 統合」とは、規範を自分の中でよく消化してから吸収することである。統合化されると、規範は「自身の内なる声」となり、組織内の共感を促す対話や行動ができるようになる。

　朝礼で理念を連呼するだけでは、言葉として暗記するだけで、「取り入れ」になってしまう。取り入れ型で仕事をする人が増えると、その風土をうまく利用する人も登場してくる。「社長はこう言っていたから」「会議でこう決まったから」と、何か「ひとつの言葉」をルールのように絶対視して、それに基づいて考えることを場に強制してしまうのだ。すると組織は意味を考えない習慣、いわゆる「思考停止状態」に陥ってしまう。言葉を引用された側から見ると「状況が変われば施策も変わるのに、なぜそれを絶対視してるのか」と困惑することになるだろう。

　理念も同様だ。言葉そのものを取り入れるのではなく、その根底にある意味を読み解き、日常の行動と紐付けて理解すること。すると、はじめて理念が本人に内在化され、現実の仕事に生きてくるのだ。自走する組織をつくりたいのであれば、手間と時間がかかっても、丁寧なコミュニケーションを通じて、メンバーが「しよう」「したい」と思える環境をつくることだ。リーダーとは情報と仕事を配る人ではなく、意味と希望を伝える人なのだ。これこそ、サイモン・シネックが見出した、傑出したリーダーの共通点なのである。

仕事は「意味がある」からがんばれる

　ビジネスにおいて、仕事において、最も大切な「意味」とは何か。それはふたつに絞られるだろう。ひとつは「その仕事は、社会にとってどういう意味を持つか」ということ。もうひとつは「その仕事は、自分にとってどういう意味を持つか」ということだ。前者はチーム全体の存在意義であり、後者はメンバー個人の働く意義である。このふたつの意味が生産性に大きく影響することは、「プロジェクト・アリストテレス」が導いた「5つの成功因子」の中で、4番目と5番目に位置づけられていることで裏付けられる。それはどのくらいのインパクトを持つのか。それぞれ典型的な成功事例を紹介しよう。

社会にとっての「仕事の意味」を考えると

　ミシガン大学はコールセンターを持っている。仕事は卒業生に電話をかけ、賞品やコンテスト等のインセンティブを用いて寄付を募ることだ。

5つの成功因子と本章の関連性

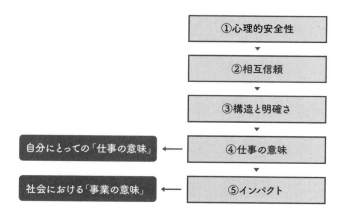

本章で考えていく「自分にとっての仕事の意味」と「社会にとっての仕事の意味」は、「プロジェクト・アリストテレス」が発見した「5つの成功因子」の4番目と5番目に位置付けられている。

仕事は同じことの繰り返しで、寄付を断られる率も93％と一定している。大学は職員たちのパフォーマンス改善を試みたが、どれも成果には結びつかなかった。

　コールセンターで集めた寄付金の一部は「学生の奨学金」に使われている。大学は外発的動機づけよりも奨学金に対する「感謝の手紙」の方が職員の心に響くのではと考え、ある学生の手紙をシェアすることにした。

「州外の大学に通うのはとてもお金がかかることを知りました。でもこの大学は私のルーツでもあるのです。祖父母はこの大学で出会いました。父と兄弟もすべてこの大学出身です。それで、この大学に入ることはずっと昔からの夢でした。奨学金を受け取った時には天にも昇る気持ちでした。（後略）」

　この手紙で職員の意識は大いに高まり、寄付額は増加した。そこで大学は奨学金を受け取った学生たちをコールセンターに招待した。訪問時間は5分ほど。大掛かりなことは特になく、学生たちはただ自分のことを話しただけだ。「自分はこういう人間で、奨学金のおかげでこんな学生生活を送っている」といったことだ。これにより職員は大いに刺激を受けた1ヶ月後、電話をかける時間は142％増となり、週あたりの収入も172％と大幅なアップを記録したのだ。

自分にとっての「仕事の意味」を考えると

　インドの大企業ウィプロは、コールセンターを経営している。職場設備は最先端、社員待遇も手厚く、社員同士が交流する場もあるが、2000年後半から若手が毎年50〜70％ほど退職するようになる。退社理由は同社に対する帰属意識の低さだ。給与増や福利厚生の充実を図っても退職率は変わらない。そこで同社は、新入社員に対する一般研修の後に小さな実験をすることにした。約600人の新入社員をランダムに3グループにわけ、それぞれに異なる「一時間の追加研修」を実施したのだ。

グループA：社員個人のアイデンティティにフォーカスした。

- シニアリーダーが登壇。仕事を自己表現や成長機会として話す（15分）
- 問題解決エクササイズに、一人ひとりが個人として取り組む（15分）
- 学びを振り返り、自分の強みを仕事にどう活かせるかを考える（15分）
- グループに分かれて自己紹介し、考えたことについて説明する（15分）
- 最後に、個人の名前が入ったバッジとシャツを配布する

グループB：組織のアイデンティティにフォーカスした。

- シニアリーダーが登壇。同社が卓越した組織である理由を話す（15分）
- スター社員が登壇。同様のテーマで話す（15分）
- 学びを振り返り、社員として誇りを感じたことなどを考える（15分）
- グループに分かれて、振り返りの結果を話しあう（15分）
- 最後に、会社名が入ったバッジとシャツを配布する

グループC：従来どおりの研修プロセスを実施した。

- 会社に関する全般的な理解と技能訓練について説明する（60分）

　わずか1時間の研修の差が6ヶ月後に大きな成果を生み、研修担当者を驚かせた。グループAの研修を受講した新入社員は、グループBおよびCの受講者よりも高い顧客満足度を生み、また定着率も33％高まったのだ。「社員一人ひとりの仕事の意味を大切にする会社」という印象が、組織への帰属意識を高めたのだ。

　これらは際立った成果を上げた事例だが、仕事の意味を共有することが、社員の働く意識を大いに刺激することは誰でも想像がつくだろう。自分にとっての意味。社会にとっての意味。ふたつの意味は密接に関係している。組織が数字を目指せば、社員も物質的なゴールのために働くようになり、組織が社会的使命を追求すれば、社員もおのずと精神的なゴールを目指すようになる。両者は仕事の動機づけを通じて、深く結びついているのだ。

「お金視点の経営」における事業と仕事の意味

お金視点では、人の心は奮い立たない。だから「美しい建前」を掲げる。
しかし「本音（お金儲け）」と異なるため、組織は「信頼」を失ってゆく。

「幸せ視点の経営」における事業と仕事の意味

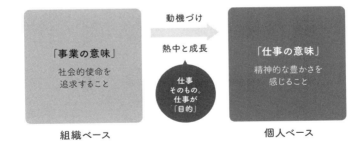

幸せ視点だと、人の心は奮い立つ。ウチもソトも「本音」で貫ける。
それにより、組織の「信頼」は深まってゆく。

02 社会にとっての「仕事の意味」を考えよう

ソーシャルメディアが生んだ、つながりの世界

　社会における仕事の意味は、成果を生むための組織の大きさをどう捉えるかによって変わってくる。ここでは、大きな組織の意味を想定して話を進めるが、自分の想定しやすい組織のサイズにあわせて考えてみよう。

　組織においては「理念」「使命」「フィロソフィー」といった言葉で社会における自社の存在意義を掲げていることが多く、最近は「パーパス」という表現も増えてきた。この組織は何のために存在しているのだろうか。抽象的に思える企業の哲学を、就職の際に重視する若者が増えてきた。テクノロジーの進化が、その対極にある「パーパス」の重要性を高めている。社会における「仕事の意味」を考える前に、この時代背景を振り返ろう。

感覚的で高関与の商品はソーシャルシフトの影響が大きい

　章の冒頭、ヤン・カールソンが「真実の瞬間」を掲げて、スカンジナビア航空を蘇らせたのは1981年のことだった。今となっては想像しにくいが、当時はインターネットも携帯電話もない、リアルがすべての時代だ。クチコミの力は今より遥かに弱かったが、真実の瞬間の顧客体験はまたたく間に広がり、奇跡の復活の原動力となった。

　それから40年がたち、ソーシャルメディアが世界をひとつにした。真実の瞬間に触れた生活者の驚きや喜び、怒りまでもが、一瞬で世界に発信されるようになったのだ。社員や顧客が企業の言動に共感すれば、その思いが友人に伝播していく。独善的な利益追求に走れば、社員や顧客の反感を買い、言動の一致しないブランドとして認知されてしまう。生活者は真の意味で「歩く広告塔」になったのだ。今、人々が企業に求めているのは、完璧さではなく、人間的な誠実さである。その根幹となるものこそ「パーパス」であり、それに基づく言動の一貫性を、企業は試されている。

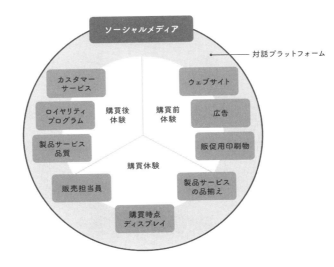

あらゆる顧客接点で言動の一貫性が求められる

不誠実な行動が透けてしまう、透明性の時代

　反面教師をあげてみよう。2001年に米国史上最大の倒産劇を演じた「エンロン」は、MBAの最優秀人材を引き入れ、電力デリバティブ取引で隆盛を極めた企業だ。2000年にはカリフォルニア州の電力危機を仕組み、価格をつりあげて大儲けした。自らが演出した危機にもかかわらず、電気が止まって困っているお年寄りをネタにした電話をエンロン社員がしていたことが報道され、社会責任に対する自覚のなさを際立たせた。そんなエンロンが掲げていたバリューは「敬意と誠実」だった。

　2008年、金融危機で米国市場最大の赤字を出した巨大保険会社「AIG」は、倒産寸前になりながら、米国民の税金で救済された。その一週間後、AIG子会社幹部は高級リゾート地に関係者を集め、盛大な会合を開いた。翌3月にはAIGが幹部社員に対して総計1億6500万ドルに及ぶボーナスを支給することが報じられ、米国民と大統領の怒りは頂点に達した。同社の掲げていたコアバリューは、やはり「敬意と誠実」だった。

参考資料

エンロンについて

エンロンは、利益至上主義を極めた、総合エネルギー取引企業。規制緩和に伴い、ガス取引に金融工学を取り入れ、規模拡大に走った。1990年代後半にはIT事業にも参入、超優良企業の名声を確立する。2001年には、売上13兆円（全米7位）、社員2万人の超巨大企業となる。一方で、カリフォルニア電力危機にも積極的に関与し、巨額を稼いだ。電気が止まり困ったお年寄りをネタに笑った社員の電話が報道され、大いなる反感を買った。最後には粉飾決算が暴かれ、約1ヶ月で破綻。負債総額は5兆円とも言われ、証拠隠蔽に関与した最大手監査法人も、解散を余儀なくされた。

エンロンやAIGの振る舞いは際立った事例だが、他山の石とすべき示唆が含まれていないだろうか。朝礼で「顧客第一主義」を掲げながら、その後の営業会議で「予算必達」を声高に叫ぶ。「社員の尊重」をモットーとしながら「家庭の事情」も顧みずに転勤させる。ビジネスの世界だから当たり前だ。そんな不誠実な常識が、社内を覆っていないだろうか。

「言っていることではなく、やっていることがその人の正体」とは、作家である久田恵さんの名言だ。ソーシャルメディアの登場で社会の透明性が一気に増したために、このような言行の不一致は、すべての企業にとって大きなリスクとなっている。パーパスは社会との約束だ。店頭、営業活動、サイト、広報、広告、カスタマーサービス、すべての顧客接点で「真実の瞬間」がうまれ、ソーシャルメディアで伝播していく。ソーシャル・ネイティブであるZ世代は、不誠実な言動がネットに記録され、伝播されてしまう恐ろしさを肌身をもって知っている。だから就職するときに企業の哲学を知り、企業の行動がそれに即しているかを見極めようとしているのだ。

エンロンの悪事

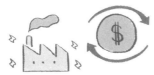

❶ エンロンとは、利益至上主義を極めた総合エネルギー企業

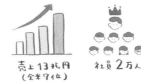

❷ 規模拡大で超優良企業に

売上13兆円（全米7位）　社員2万人

❸ 電力危機で稼ぎ、電気が止まった老人を社員が電話越しに笑う事件発覚

❹ 粉飾決算を暴かれ反感を招き、1ヶ月で破産

北極星となる「ミッション・ビジョン・バリュー」はあるか

北極星は、夜空の中でも動かない不動のものだ。目指す北極星がある組織は強い。北極星を機能として分解すると「ミッション・ビジョン・バリュー」で構成される。それぞれ「WHY・WHAT・HOW」に対応し、ひとつのまとまりとして「自分たちは、何を信じるのか」という問いへの答えになる。

「ミッション」とは、その組織は何のために存在するのかという「社会における存在意義」であり、組織の持続可能性を決定づけるものだ。「ビジョン」とは未来を創り出すもので「組織にとって望ましい未来像」を描き出したものだ。「バリュー」とは組織における核心的な価値、「その組織は何を大切にしているか」をあらわすもので、メンバーにとっては行動の規範になるものだ。

北極星は全社組織に限るものではない。部や課、プロジェクトなどのチームでも、北極星を持つことはできる。異なる点はふたつ。ひとつはチームは変化していくものなので、対象期間が限定されること、もうひとつは組織全体の理念と整合性をとる必要があることだ。それを前提に、チームの「ミッション・ビジョン・バリュー」をみんなで考え現実の仕事に活かしていくことは、とても有意義で、メンバーの意欲も刺激するだろう。

組織の北極星（組織が信じる不動の理念であり、以下を含む）

- **パーパス** ………… （自ら選択した）社会における存在意義
- **ミッション** ……… （与えられた）社会における存在意義
- **ビジョン** ………… 組織の未来の理想像
- **バリュー** ………… 組織として共有する価値観

ミッション・ビジョン・バリュー

ミッション（WHY）

（与えられた）社会における存在意義

○何によって世界をより良くするか？
○持続可能な使命か？
○事業に独創性があるか？

**社会のどんな課題や需要に対して、持続的に、
どんな価値を創造するか？**

ビジョン（WHAT）

組織の理想の未来像

○どんな会社、組織になりたいか？
○独りよがりではなく、三方よしか？
○社員が実現可能性を感じる未来像か？

**社員が夢を感じ、
ともに歩みたいと心から願う未来像になっているか？**

バリュー（HOW）

組織として共有する価値観

○使命遂行にあたっての独自の価値は？
○社員の行動を導く内容か？
○社員を幸せにするか？

**社員の創造性や協働を促進し、
独自の価値創造につながる必要十分な内容か？**

（注）この書籍では「社会における存在意義」をあらわす言葉として、単体で使う場合は、内発性を感じる「パーパス」を、ビジョンやバリューと連携して使う場合は「ミッション」としている。両者はほぼ同義であるが「自己選択したもの」か「与えられたもの」かという響きが違う。近年は「自らの選択としてのパーパス」を使うケースが増えてきた。

出典：フィリップ・コトラー『マーケティング3.0』

価値観を共有して、「真実の瞬間」と向きあう

　パーパス・ドリブン（理念経営）の成功事例として、世界的に有名になったアパレル通販小売業のザッポスを例にとり、社会と共感する組織のイメージを共有したい。ザッポスのミッションは「幸せをお届けすること」、ビジョンは「最高のサービス・カンパニーになること」、それをいかに実現するかを10のコアバリューにまとめ、全社員で徹底的に共有し、自律的な組織の北極星としている。

　その象徴は、トップに位置する「サービスを通じて、お客様にWow!を届けよう」である。同社のコンタクトセンターにおける顧客対応の原則は「友人にするように応対すること」と「感情的なつながりを築くこと」だ。そこにはマニュアルもスクリプトもなく、電話応対する社員の裁量に制約はない。数百名のコンタクトセンター社員が、それぞれが知恵を絞って、電話

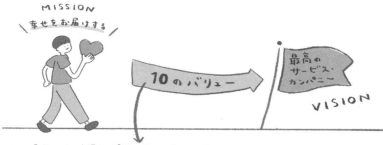

ザッポスのミッション・ビジョン・バリュー

MISSION
幸せをお届けする

10のバリュー

最高のサービス・カンパニー
VISION

1 サービスを通して「Wow!」という驚きの体験を届ける
2 変化を受け入れ、変化を推進する
3 楽しさとちょっと変なものを創造する
4 冒険好きで、創造的で、オープン・マインドであれ
5 成長と学びを追求する

6 コミュニケーションにより、オープンで誠実な人間関係を築く
7 ポジティブなチームとファミリー精神を築く
8 より少ないものから、より多くの結果を出す
9 情熱と強い意志を持て
10 謙虚であれ

出典：トニー・シェイ『ザッポス伝説』

をかけていただいた顧客に"Wow!"をお届けしようと待機しているのだ。

　有名な伝説がいくつもある。例えば、母親を突然亡くしたため、プレゼント用に購入したシューズを返品したいと申し出た女性の話だ。電話を受けたコンタクトセンター社員は、悲しみにくれる彼女の元に宅配業者（規約では顧客が集配所まで持っていく必要がある）を手配するとともに、翌日には手書きのメッセージカードを添えた色鮮やかなお悔やみの花束を届けたのだ。感激のあまり号泣した彼女は、その感動をブログにつづり、それがネットを駆け巡ることになる。

　これまで企業は、顧客の公平性という大義名分のもと、画一的な商品サービスを提供してきた。均質なサービスにすれば規模の経済が働き、全体のサービスレベルを高められるからだ。その結果、機能価値は十分に高まり、いい商品であることは当たり前となった。今、顧客が求めているのは、顧客個人の事情や感情に配慮した人間的なサービスである。現場の社員一人ひとりが、その場で判断し、行動する。真実の瞬間の勝負になってきたのだ。その顧客体験がソーシャルメディアで広がり、ブランドイメージを醸成してゆく。ザッポスはその典型例といえるだろう。

　一般的に、電話オペレーターの離職率は高い。スクリプトとルールに従い、顧客の悩みや怒りを正面から受ける職業だからだ。ザッポスはそれを逆手にとった。彼らの使命は「Delivering Happiness 〜 幸せを届ける」だ。ザッポスにとって、電話での応対こそが「幸せを届ける最大の機会」であり、ファンをつくる最前線の仕事なのだ。会社の代表として、オペレーターは最も大切な顧客接点を任され、権限と誇りを持って仕事をしている。ザッポスを愛する社員は、一人ひとりの自律的な判断が、組織の持続的な繁栄につながることを信じて行動しているのだ。

自社の北極星を探してみよう

多くの企業は組織の北極星を持っている。理念、社是、社訓など名称はまちまちだが、まずは、企業の目指すものが「ミッション」「ビジョン」「バリュー」の内容を含んでいるかを検証してみよう。歴史ある企業ほど、過去の理念を加筆するカタチで積み上げられ、社員が記憶できないほど複雑化していることも多い。また高邁すぎて社員の行動規範となりにくいケース、あまりに汎用的で行動に結びつきにくいケースも散見される。自社の北極星を考える際のポイントをいくつか挙げておきたい。

まず「ミッション」は、何を持って社会に貢献するのか、生活者に貢献するのかをシンプルに表現した「社会における存在意義」だ。「何によって世界をより良くするか？」「持続可能で、将来の展開も含んだ使命となっているか？」「使命に独自性があるか？」といった点を深慮して練りあげたい。マイケル・ポーターが提唱したCSV（Creating Shared Value：社会との共通価値の創造）、社会的価値を創出することで経済的価値を享受するという考えは「ミッション」と深く関係している。企業のサステナビリティという視点からも重要だ。なお、近年では「パーパス」という表現を使うことが増えてきた。両者はほぼ同義であるが「自己選択したパーパス」「与えられたミッション」という響きの違いがある。

次に「ビジョン」は、自社がこれからどのような企業像、ブランド像を目指していくかをシンプルに表現した「組織の理想の未来像」だ。組織を未来に導く羅針盤といってもいいだろう。「どんな会社、組織、ブランドになりたいか？」「独りよがりではなく、社員や顧客、広く生活者が共感するものか？」「社員が実現可能性を感じる未来像か？」といった点を考慮したい。ビジョンは経営者だけでなく、社員にとっても夢となるものだ。社員が可能性を感じ、ともに歩みたいと心から願う未来像になっていることが肝要だろう。単なる数値目標ではなく、その意味を社員が共有し、全社一丸となって目標に向かうためにも「ビジョン」の浸透が重要となる。

最後に「バリュー」だが、ミッションやビジョンを実現するために企業やブランドが共有すべき「組織として共有する価値観」だ。「当社らしさとは何か？」「社員の行動を具体的に導くことができる内容か？」「社員を幸せにする内容になっているか？」といった点を考慮したい。社員の創造性や協働を促進するとともに、顧客に対する独自の価値創造につながる内容かどうか、また具体的な行動に結びつく親しみやすい内容になっているかを意識して考えたい。

一般的に、「ミッション」は創業者ないし経営者の思いを大切にし、「ビジョン」は経営陣が原案を創り、社員の賛同を広く得ることが望ましい。一方で「バリュー」は社員の日常行動につながるものなので、全社参加型でじっくり創りあげられるとベストだろう。例えばザッポスのコアバリューは「ザッポスらしさってなんだろう。ザッポス社員らしさってなんだろう？」というトニー・シェイのメールでの問いかけをきっかけとし、一年もの期間をかけ、全社員が参加して創りあげた価値の高いものだ。そのため社員にとって「自分ごと」となり、社内浸透にも大いにプラスとなった。

参考資料

マイケル・ポーターと CSV

マイケル・ポーターは米国を代表する経営学者。35才でハーバード大史上最年少の正教授となり、米国を中心に世界各地で多くの国や州の政府、および企業の戦略アドバイザーを務め「ファイブフォース分析」「バリュー・チェーン」など数多くの競争戦略手法を提唱した。一方で、その戦略理論のゴールは株主資本価値の最大化、成否の基準は「経済的価値を持続的に増やす」にあり、企業の強欲さによる環境破壊や搾取などで批判される立場でもあった。解決策として2011年に論文「Creating Shared Value（共通価値の創造）」を発表。「社会のニーズや問題に取り組むことで社会的価値を創造し、その結果、経済的価値が創造される」と提唱した。これまでのCSR（Corporate Social Responsibility）や社会貢献活動は持続的ではないとし、資本主義と社会の関係再構築を促す概念だと主張した。経営学においては経済的価値と社会的価値の創出はトレード・オフだと考えられていたが、両者の両立や相乗効果を目指した点が新しい視点となった。

03 自分にとっての「仕事の意味」を考えよう

その仕事は「義務」か、それとも「天職」か

　ピーター・ドラッカーは、著書『マネジメント』において、3人の石工のたとえ話を用いて「仕事の意味」を説いている。旅人が、道行く途中に出会った3人の石工に「あなたは何のために仕事をしているのですか」と尋ねると、1人目の石工は生活のため、2人目の石工は技術を磨くため、3人目の石工は大聖堂を建てるためと答えたという有名な話だ。この話は、経営学者のエイミー・レズネスキーによる「3つの仕事観」と符合している。

　ジョブはお金、キャリアは出世という「外的な目標」であるのに対して、コーリングは使命感や喜びという「内的な目標」を持つものだ。レズネス

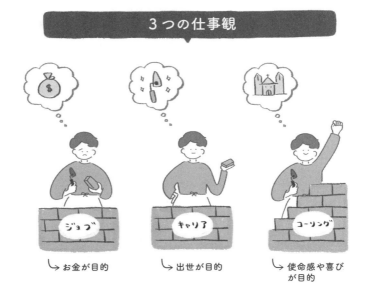

3つの仕事観

ジョブ　→ お金が目的

キャリア　→ 出世が目的

コーリング　→ 使命感や喜びが目的

キーは、人間が「自分の仕事をどう見ているか」によって、人生から得られる満足感は大きく異なるとし、天職と意味づけることの大切さを説いている。仕事そのものや、仕事の環境を変えようと変えまいと「本人の仕事に対する意味づけ」が変わらなければ、深い満足は得られないということだ。あなたは、今の仕事の意味をどう捉えているだろうか。

心理学者のティム・カッサーとリチャード・ライアンの研究によると「外的な目標を持つ人」は「内的な目標を持つ人」と比べて、常に未達成への不安を抱えており、その達成度にかかわらず幸福度が低いことがわかっている。なぜなら、外的な目標を持つ人は「何を所有しているか」に注意が向いており、社会的に導かれた表面的なペルソナ（仮面人格）をつくりあげる傾向が強く、自己が希薄となってしまうからだ。

環境によって、人の欲求は変わる。生理的欲求や安全欲求が満たされない人にとって、お金は命の次に大切なものとなるが、それが満たされた人

「内的な目標」をゴールにする人は幸福度が高い

「外的な目標を持つ人」は「内的な目標を持つ人」と比較して常に未達成への不安を抱えており、その達成度にかかわらず「幸福度が低い」ことがわかっている。外的な目標を持つ人は「何を所有しているか」に注意が向いており、社会的に導かれた表面的なペルソナ（仮面人格）をつくりあげる傾向が強く、自己が希薄である。（ティム・カッサーとリチャード・ライアンの研究より）

にとって、お金や出世は人生に満足をもたらすものではない。そのことが、多様な調査から明らかになってきた。

　欲求段階説を提唱した心理学者のアブラハム・マズローは「人間が手にしうる最も美しい運命、最も素晴らしい幸運は、情熱を傾けられる仕事で生計をたてられることである」とした。また、ポジティブ心理学を創設した心理学者マーティン・セリグマンは「幸せには、喜びの追求、夢中の追求、意味の追求の3種類があり、意味の追求こそ最も深く持続的なものである」と考えた。彼のいう「意味の追求」とは「自分より大きな何かに捧げるために、自分の最も高い強みを使うこと」である。「自分より大きな何か」とは、その人の立場、影響の輪によって異なるが、家族、同僚、組織、顧客、地域社会、世界など、自分が所属するコミュニティを指す言葉だ。

参考資料

セリグマン＆ポジティブ心理学

マーティン・セリグマン（1942-）は、米国の心理学者で、学習性無力論の理論などにより、うつ病と異常心理学に関する世界的権威である。一方で、それまでの心理学は病気を治すための努力はしてきたが、どうすればもっと幸福になれるかについての研究は少ないことに気づく。1996年、史上最多投票を獲得して米国心理学会会長になったセリグマンは、1998年に「ポジティブ心理学」を創設した。「ポジティブ心理学には、大きなハードルがある。幸せなど実体のない偽りだとする、根深くも罪深い教えだ。今まであらゆる文明で繰り返され広まってきたこの教えは、残念ながら現代社会にあっても廃れていない。心理学は、人間の弱みばかりでなく、人間の良いところや人徳を研究し、人間を本物の幸せに導く学問であるべきだ」というのが彼の信念であり、その後に起きる「ポジティブ心理学」の世界的なムーブメントを先導することになった。

マズローの5段階欲求と自己超越欲求

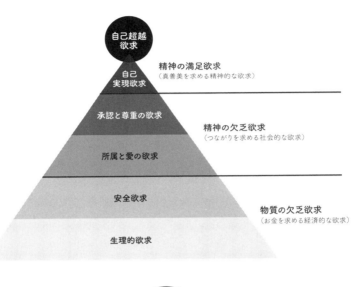

精神の満足欲求
（真善美を求める精神的な欲求）

精神の欠乏欲求
（つながりを求める社会的な欲求）

物質の欠乏欲求
（お金を求める経済的な欲求）

自己超越欲求

自己実現欲求

承認と尊重の欲求

所属と愛の欲求

安全欲求

生理的欲求

用語　解説

アブラハム・マズロー

アブラハム・マズロー（1908-1970）は、米国の心理学者である。ユダヤ系移民の貧困家庭で長男として生まれた彼は、苦労を重ねながら研究を続け、米国心理学会会長となる。彼が開発した「人間性心理学」は、精神病理の理解を目的とする精神分析と、人間と動物を区別しない行動主義心理学の間の第三の勢力として位置づけられるものであり、自己実現、創造性、価値、美、至高経験、倫理など、より人間的な分野の研究に道を開いた。マズローの欲求ピラミッドは、特によく知られている。

日本的経営の光と陰

　最も深い幸せを得られる「意味の追求」とは、自分の強みを「自分より大きな何か」に捧げることだ。ただし、それは自分を捨てて、他人に奉じる「滅私奉公」とはまったく異なることに注意したい。これは非常に大切なポイントだ。このボタンのかけ違いがおきないように、すこし脇道にそれるが、日本の商業の歴史をさかのぼり、日本的経営の光と陰について触れておきたい。

　日本的経営の原点は、江戸時代に石門心学を開いた石田梅岩に遡る。道徳と経済を両立させる思想は広く日本の商人に広まり、近江商人の商道徳に引き継がれた。彼らは売り場をもたない行商である。その地で愛され、貢献する存在にならなければ、明日の商いはない。「三方よし」は、そんな厳しい環境のもとに生まれた至言だった。SDGs（国連による持続可能な開発目標）にも通じる精神性は、渋沢栄一らが受け継ぎ、「論語と算盤」を基礎として近代日本経済の礎を築く。その影響で、米国企業の科学的管理法とは一線を画し、日本企業は独特の家族的組織を育んできた。世界大恐慌時には街に失業者が溢れたが、松下幸之助は生産を半減しながら、社員をひとりも解雇しなかった。この時の彼の姿勢が日本的経営の象徴「終身雇用」の起源になったとも言われている。

　一方で、日本的経営には陰もある。それを象徴する言葉は「過労死」だ。「KAROSHI」として他国語の辞書にも掲載されている。過度の集団主義が生み出す日本特異な現象であり、先進国ではほとんど事例がない。発展途上国では散見されるが、日本でおきるホワイトカラーの過労死は世界でも極めて稀と言われている。その背景にあるのが「滅私奉公」の価値観である。個人的な感情を抑え、公に奉ずることは武士道にも通じる考え方で、日本では古くから美学とされ、第二次世界大戦時のスローガンともなった。顧客第一主義を、社員の滅私奉公で実現する。この精神が、過労、サービス残業、有給休暇の未消化、パワーハラスメントにつながっている。残念な

がら、いまだにこの感覚を残す経営者は少なくない。

　顧客への貢献を義務感で行うのか、顧客の笑顔を喜びと感じるのか。経営者からは同じに見えても、社員個人にとっては天と地ほどの差がある。滅私奉公なのか、意味の追求なのか。あなたは顧客とどう向き合うのか。主体的にとらえれば、自分自身が「仕事にどう意味づけするか」という問題ともいえる。

　脳科学は、人間の脳が「他者との共生」を志向しており、金銭的な報酬よりも社会的報酬を欲する器官であることを明らかにしている。人を愛し、人のためにつくすことは、本来、大きな喜びをもたらすものだ。滅私奉公の価値観が消滅すれば、もとから人間が持っていた社会性が芽吹いてくる。「意味の追求」は、人間にとって、最も深く、かつ持続する幸福なのだ。

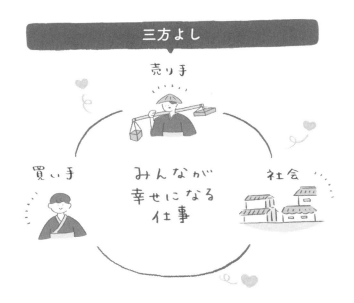

三方よし

売り手

買い手　みんなが幸せになる仕事　社会

強みを活かせる仕事こそ、自分にとって「意味」がある

「意味ある人生」のために、もうひとつ大切なことは「自分の強み」を知ることだ。自分より大きな何かに捧げる「自分の最も高い強み」はどう発見し、どう育てればよいのだろうか。

　ポジティブ心理学の父、セリグマンは、文化を超えた人間の美徳を知るために、聖アウグスティヌス、旧約聖書、タルムード、孔子、仏陀、老子、武士道、コーラン、ベンジャミン・フランクリン、ウパニシャッドなど、200冊に及ぶ哲学書や経典を調査した。そこでわかった驚くべき事実は、3000年という時を経ながら、人間の美徳は「知恵と知識・勇気・愛情と人間性・正義・節度・精神性と超越性」という6つに集約できるということだ。

美徳を育む 24 の強み

創造性　好奇心　知的柔軟性　向学心　大局観　勇敢さ

忍耐力　誠実さ　熱意　愛情　親切心　社会的知性

チームワーク　公平さ　リーダーシップ　寛容さ　慎み深さ　思慮深さ

自律心　審美眼　感謝　希望　ユーモア　スピリチュアリティ

出典：マーティン・セリグマン『ポジティブ心理学の挑戦』

　さらに、彼はこれらの美徳を育む上で必要となる24の強みを抽出した。例えば、美徳が「知恵と知識」であれば、強みは「創造性・好奇心・知的柔軟性・向学心・大局観」というように、美徳と強みを関連づけたのだ。ここでいう強みとは「土台が軟弱だったとしても、熱意や粘り強さ、適切な指導があれば育っていく、道徳的な特質」を指す。「絶対音感」のような先天的な才能とは異なることに注意したい。

　セリグマンは、この研究をもとに持続的な幸福感を感じるためのエクササイズを開発した。核となるのは、自分の特徴的な強みを発見するための「VIA強みサーベイ」（検索すれば無償でチャレンジ可能）であり、もうひとつは、その強みを育てるために「最適な挑戦課題」を考え、継続的に実行する、いわば強み育成プラクティスである。この挑戦課題を仕事ベースで考えれば「意味の追求」につながってゆくだろう。

用語　解説

最適な挑戦課題の設定

自分の特徴的強みに組み合わせる「最適な挑戦課題」は、どのように発見すればいいのだろうか。セリグマンは、著書『ポジティブ心理学の挑戦』において、次のような例をあげて、自分の環境にあった挑戦課題をクリエイティブに考えることを推奨している。
例えば自分の強みが「創造性」の場合は、脚本の執筆をはじめるために、ある晩に2時間とって考えてみる。

自分の強みが「希望」の場合は、宇宙計画の未来への期待表明コラムを書き、地方紙に宛てて送ってみる。
自分の強みが「自制心」の場合は、ある晩はテレビをやめて、ジムに出かけてワークアウトしてみる。
自分の強みが「審美眼」の場合は、職場との行き帰りを遠回りして、美しい道をゆっくり歩いてみる。

やらされ仕事を「天職」に変える技術

「目の前の仕事は、自分の求めているものと違う」と嘆くことはない。どんな仕事でも、意味を追求する「コーリング（天職）」になる可能性があることは、経営学者エイミー・レズネスキーらの研究でわかっているからだ。

　例えば、病院の掃除係28人を被験者とした研究によると、自分の仕事を天職と感じている掃除係は、毎日の仕事に意味を見出していた。効率よく仕事をこなし、医師や看護師が患者の治療にもっと時間を割けるようにと願って掃除をしていた。さらには、患者のために、仕事以外のこと（患者を励ますようなこと）も行っていたのだ。

　もうひとつ「東京ディズニーリゾート」の事例もあげておこう。ディズニーでは掃除係は「カストーディアルキャスト」と呼ばれており、来場者をおもてなしするキャストの一員と位置づけられている。バケツの水で地面にキャラクターの絵を描く、困っている人を見かけたら道案内をするな

参考資料

ジョブ・クラフティング

「ジョブ・クラフティング」とは、働く人自らが、仕事に新たな意味を見出したり、仕事内容の範囲を変えたりすることであり、自分自身で仕事を意味づけし、自分の仕事を、より意義深いものに変えていくことである。

これまでも「ジョブ・デザイン」という考え方はあった。組織の人事部門や管理職が「働きがいのある仕事」を設計するアプローチである。ただし、この場合は、あくまで組織視点で考えられたものであり、社員の個性や価値観の違いといった多様性は考慮されていなかった。統計的に「働きがいのある仕事」は、社員の誰もが「働きがいのある仕事」だという考え方である。

あくまで個人視点であるというところに「ジョブ・クラフティング」の意義がある。効果としては、社員の組織に対するエンゲージメントが高まる他、社員のキャリア開発にもプラスになるといったメリットもある。

ど、自分で考えて、積極的に顧客と交流し、テーマパークを盛り上げる役割を持っている。来場者の驚きや感謝の言葉を通じて、仕事に意味を見出せるよう、個々のキャストがそれぞれ工夫をしているのだ。

やらされ感のある業務や退屈に見える作業に対して、3つの視点「仕事のとらえ方」「仕事の内容」「人間関係」からアプローチし、やりがいのある仕事に変容させる考え方は「ジョブ・クラフティング」と呼ばれており、統制型から自律型へ組織変容するための手法として注目されている。

ジョブ・クラフティングのポイント

仕事に対する取り組み方を変える

日常業務を主体的にとらえ、創意工夫を楽しむようにする。顧客の事前期待を上回るチャレンジをする。資格取得を目指す。アドバイスを求める。

人間関係への意識とアプローチを変える

社会的な交流や人間関係のあり方の変化は、仕事のやりがいに直結する。関係性を主体的にとらえ、顧客や同僚とコミュニケーションを増やし、よりよい人間関係を築くことを楽しむ。

仕事の意義を再定義する

自分が仕事をするうえでの喜びは何か。目の前の仕事の意味を再定義してみる。人の役に立ちたい、新しいサービスを世の中に出したい、より成長したいという、主体的な視点で仕事を捉え直す。

04 意味の共有の落とし穴

① 意味の押し売り〜「意味を伝えればいい」という誤解

　意味を共有することは、自分自身と向き合うだけでなく、参加している人々と「意味を通じてつながる」ということであり、現実の世界では一筋縄ではいかないことも多い。この節では、意味の共有をめぐる試行錯誤の過程で、陥りやすい落とし穴を3つほど提起したい。

　まず、統制志向の強い企業、責任感の強い上司が陥りやすいのが、トップダウンによる意味の押し売りである。ウィプロ社の実験では、会社が一方的に働く意味を押し付けるより、自分の中で会社の存在を意味づけする方が、エンゲージメントにつながることがわかった。意味は、ただ伝えればいいというものではない。一人ひとりがその意味を腹落ちさせ、自分自身の価値観と統合することで、はじめてメンバーの行動変容につながるものだ。

　会社の理念も同様である。小冊子を配布するだけではほどんど浸透にはつながらないし、朝礼で連呼しても自律的な行動の拠り所になることはない。歴史ある組織だと、歴代の経営者が独自性を持つ言葉を掲げ、代替わりしてもそれを否定できずに、理念として積み重なっていくことが多い。言葉が増えれば矛盾も生じるし、そもそも複雑すぎて、社員はその内容を内在化できない。単なるお題目と化してしまうのは当然のことである。

　理念をお飾りにしたくなければ、組織として戦略や予算より上位に位置づけ、経営者や管理部門が率先垂範することだ。その上で、現場で理念を学ぶ場をつくり、現実の仕事でどう活かせばいいのかを話しあう。特に「理念と経済合理性が合致しないケース」に真正面から向き合うこと。その時にこそどう判断すべきか、みんなで考えて、腹落ちさせていくことだ。

　例えば、理念に「顧客第一主義」を掲げるのであれば、利益を度外視して顧客の要望を聞くのか、判断基準や意思決定者を設けるのか、現場ごとの判断を尊重するのかを考える。さらに、その方針自体が理念を軽視していないか。それとも理念を見直す必要があるのかにも踏み込んで考える。この難しいテーマに全社で向き合うことだ。経営陣が本気になれば、その思いも現場に伝わるだろう。経営陣の言動が一致していなければ、社員はその言葉に敬意を払わなくなるだろう。このような取り組みなしに、理念が組織に浸透することはない。理念と行動との架け橋を、時間をかけて築くことが大切なのだ。

意味づけの落とし穴　その1

- ・落とし穴：仕事の意味を繰り返し伝えれば、きっとわかってもらえるはず。
- ・解決策：率先垂範し、理念と行動をつなぐ。一人ひとりの腹落ちこそ大切

落とし穴①「意味を伝えればいい」

意味を伝えれば
わかってもらえる

でも現実は
何も変わらない

解決策

率先垂範し、理論と行動をつなぐ。

一人ひとりの腹落ちこそ大切

② ボトムアップ願望〜「個の総和が全体になる」という誤解

　ごく小さな組織であれば、個人が持つ哲学（個人のミッション・ステートメントや個人のビジョン）の総和が組織の理念につながることもあるが、一般的には極めて困難である。組織とは、一人ひとりが異なるナラティブを持つ個人の集まりだからだ。インターネットで情報の流れが双方向化され、隠れていた個性が一気に顕在化するようになった。多様な社会において、個人の思いをボトムアップすれば組織の理念になるという考えは、そもそも不自然なことなのだ。

　だからといって、組織の理念をトップダウンで個人に押し付けると、前述した意味の押し売りになってしまう。ならば、入社時点から、組織と同一の価値観を持つ人材を雇用すればいいのだろうか。それも危険性を孕んだ発想と言えるだろう。組織が多様性を失うと、健全な判断能力が失われるからだ。例えば、ポジティブな人材だけを雇用すれば、クリティカルな思考能力が失われてしまう。また、公私にわたって価値観の共有を促せば、宗教的な組織にもなりかねない。

　大切なことは、今一度、原点に戻って考えることだ。ひるがえって、自分ごととして考えてみよう。あなたが今の組織を選んだ理由はなんだろう。組織に参加するメンバーは、言語化されていようといまいと、組織が持つ「なんらかの魅力」に共感し、「なんらかの目的」を実現しようと集まった人たちである。自社の魅力や価値観とはなんだろう。自社が持つ使命とはなんだろう。それらを言語化し、共有すること。対話と実践を通じて、社員への内在化を図り、組織として一貫性を持って行動することだ。すると、その価値観や使命が、組織として独自の価値を創出していくことになる。

　あわせて、自社が共有する価値観は何かを考えるとともに、社員の個性、一人ひとりの違いを大切にすることにも目を向けること。社員の多様性は、組織の強みとなるからだ。そのためにも、理念はシンプルであることが望

ましい。もし、知識社会にふさわしく自社を変革しようとするのであれば、今一度原点に戻り、「自社らしさ」について、メンバーで腹落ちするまで話しあうことも大切だ。その経験の共有が、メンバーの気持ちをひとつにまとめ、行動変容を生み出す一歩となるだろう。

意味づけの落とし穴　その2

- ・落とし穴：個人の総和をボトムアップしたい。それで組織はまとまるはず
- ・解決策：組織が持つ「自社らしさ」を話しあい、言語化し、共有する

落とし穴②「個人の総和が全体になる」

$$1 + 1 + 1 = 3$$

個人の総和が全体になるはず　　　　でもなかなかまとまらない

解決策

組織が持つ「自社らしさ」を話しあい、

言語化し、共有する

③ 自分探し症候群
〜「自分探しで解決する」という誤解

　自分自身の内面を振り返り、自己認識を高めることは非常に重要なことである。ただし、外部環境の変化とそれにともなう内面の変革なしに、明確な答えが見つかることは少ないことも知っておくべきだろう。自分探しは、終わりのない旅なのだ。

　ここでいう「自分探し」とは「自分とは何者か」「自分が本当に求めているものは何か」といった内面の探索や、「自分にあった職場はどこか」「自分にあった仕事は何か」といった外面の探索のことだ。特に後者は、童話「青い鳥」にちなんで「青い鳥症候群」とも呼ばれている。現実を直視せず、今の環境とは異なるところに理想を探し続けてしまうことの危険性を示唆するものだ。

　もちろん、世界を旅したり、さまざまな人と出会ったり、新しい仕事にチャレンジすることは、とても素晴らしいことだ。これまでの環境の枠を超え、つきあいの枠を超え、思考の枠を超えることができる。その経験を通じて、新しい学びや喜びを発見することも多いだろう。しかし、その経験を通じて「本当の自分」や「自分に最適な環境」に出会えるはずと期待し過ぎると、いつまでも心の漂流が続き、根無し草のようになってしまいかねない。

　大切なことは、現実に目を向けることだ。本当の自分が別の場所にいるわけではない。今までの経験、今の自分を起点として考えること。あらゆる経験は、学びの基盤となる貴重なものである。今の自分を否定せず、そこから積み上げていく感覚を持つことだ。

　そもそも、現実それ自体は意味を持つものではない。現実とは自分自身が意味づけするものだ。その主体的な意味づけが現実を変えていく。幸せ

とはソトではなくウチにあり、得られるものではなく、あることに気づく
ものなのだ。

> なぜいつも遠くへばかりいこうとするのか？
> 見よ、よきものは身近にあるのを。
> ただ"幸福のつかみかた"を学べばよいのだ。
> 幸福はいつも目の前にあるのだ。
> （ヨハン・ヴォルフガング・フォン・ゲーテ）

意味づけの落とし穴　その3

・落とし穴：自分を探せば、答えも理想郷もきっとある。でもたどり着けない

・解決策：今の自分を否定せず、そこを起点として、現実に意味づけする

落とし穴③「自分を探せば答えが見つかる」

自分を探せば
答えもきっと見つかる

でもたどり着かない

解決策

今の自分を否定せず、そこを起点
として現実に意味づけする

チームを動かす、北極星を見つけよう

　この章では、成功循環モデルの2番目のステップ「思考の質」を高めるための実践的な知恵と技術を考えてきた。これは「自律する組織」「共感する組織」をつくるための核心となるものである。ここで学びをまとめておこう。

　「船を造りたかったら、人に木を集めてくるように促したり、作業や任務を割り振ったりはせず、はてしなく続く広大な海を慕うことを教えよ」

　はじめに掲げた、サン＝テグジュペリの残した名言に、この章のエッセンスが盛り込まれている。もし、あなたがリーダーだったら、作業や任務を考え、それを割り振るだろうか。それとも、目の前でキラキラと輝く海の雄大さを熱く語るだろうか。

　仕事の意味をどう伝えるか、どう受け取られるかによって、メンバーの積極性は大いに変わる。単なる言葉として取り入れられると「外部から発せられた心の中に響く声」となり、融通のきかない運用につながってしまう。この根底にある意味が理解され、メンバーの心の中に内在化されると、はじめて現実の仕事に生きてくる。「自身の内なる声」となり、組織内の共感を促す対話や行動ができるようになる。

　自走する組織をつくりたいのであれば、手間と時間がかかっても、丁寧なコミュニケーションを通じて、メンバーが「しよう」「したい」と思える環境をつくることだ。リーダーとは情報と仕事を配る人ではなく、意味と希望を伝える人である。これこそ、サイモン・シネックが見出した、傑出したリーダーの共通点なのだ。

では、ビジネスにおいて、もっとも大切な「意味」とは何か。ひとつは「その仕事は、社会にとってどういう意味を持つか」ということ。もうひとつは「その仕事は、自分にとってどういう意味を持つか」ということだ。前者はチーム全体の存在意義であり、後者はメンバー個人の働く意義である。このふたつの意味が生産性に大きく影響することは、プロジェクト・アリストテレスでも裏付けられている。

社会にとっての「仕事の意味」は、組織においては「パーパス」である。ソーシャルメディアの浸透が、パーパス・ドリブンの重要性を高めている。企業が望む望まないにかかわらず、生活者が歩く広告塔になったからだ。生活者との信頼を深めるためには、企業はパーパスに基づく言動の一貫性を保つ必要がある。パーパスは社会との約束でもある。すべての顧客接点で「真実の瞬間」は生まれる。一人ひとりの社員が「顧客や社会といかに接するか」が問われている。

目指す北極星、パーパスがある組織は強い。北極星を機能として分解すると「ミッション・ビジョン・バリュー」で構成される。それぞれ「WHY・WHAT・HOW」に対応し、ひとつのまとまりとして「自分たちは、何を信じるのか」という問いへの答えになる。ミッションは社会における存在意義であり、ビジョンは組織にとって望ましい未来像、バリューは組織で共有する価値観である。あなたの組織では、北極星の優先度が事業計画や予算よりも上位に位置づけられているだろうか。

さらに「自分にとっての仕事の意味」も考えた。エイミー・レズネスキーは、人間には3つの仕事観があると考えた。義務としての「ジョブ」、出世の道具としての「キャリア」、使命感に基づく「コーリング（天職）」である。ジョブとキャリアは「外的な目標」であり、コーリングは「内的な目標」を持つものだ。また「外的な目標を持つ人」は「内的な目標を持つ人」と比べて、常に未達成への不安を抱えており、その達成度にかかわらず幸福度が低いことがわかっている。

　人は環境によって欲求が変わる。生理的欲求や安全欲求が満たされない人にとってお金は命の次に大切なものとなるが、それが満たされた人にとって、お金や出世は人生に満足をもたらすものではない。いくら仕事や環境を変えようと「仕事に対する意味づけ」が変わらなければ、深い満足は得られないということだ。

　アブラハム・マズローは「人間が手にしうる最も美しい運命、最も素晴らしい幸運は、情熱を傾けられる仕事で、生計をたてられることである」とした。また、マーティン・セリグマンは「幸せには、喜びの追求、夢中の追求、意味の追求の3種類があり、意味の追求こそ最も深く持続的なものである」と考えた。彼のいう「意味の追求」とは「自分より大きな何かに捧げるために、自分の最も高い強みを使うこと」である。

　ただし「意味の追求」は「滅私奉公」とはまったく異なることに注意したい。顧客への貢献を義務感で行うのか、顧客の笑顔を喜びと感じるのか。経営者からは同じに見えても、社員個人にとっては天と地ほどの差がある。滅私奉公なのか、意味の追求なのか。まさに、自分自身が「仕事にどう意味づけするか」という問題である。人は機械とは違う。命令されれば、したいと思っていたものも、したくなくなってしまうのが人情なのだ。

　どんな仕事でも、意味を追求する「コーリング」になる可能性があることがわかっている。例えば、病院の掃除係28人を被験者とした実験では、自分の仕事を天職と感じている掃除係は、毎日の仕事に意味を見出していた。効率よく仕事をこなし、医師や看護師が患者の治療にもっと時間を避けるようにと願って掃除をし、患者のために仕事を超えた奉仕もしていた。今の仕事に対して、3つの視点「仕事のとらえ方」「仕事の内容」「人間関係」からアプローチし、やりがいのある仕事に変容させる考え方は「ジョブ・クラフティング」と呼ばれて注目されている。

　意味の共有を追求する時に、はまりやすい落とし穴がある。ひとつめは

「意味を伝えればいい」という誤解である。意味は自分ごと化されて、はじめて行動につながるものである。理念も同様、経営者や管理部門が率先垂範し、その上で社員の思考や行動との架け橋を時間をかけて築くことだ。

ふたつめに「個人の総和が全体になる」という誤解である。メンバーは組織が掲げるパーパスに共感して集まった人たちであり、それを言語化し、組織として一貫性を持って行動することだ。

3つめは「自分の内面を深掘りすれば答えが見つかる」という誤解である。本当の自分が別の場所で見つかるわけでない。今までの経験、今の自分を起点として考え、現実に自分で意味づけすることだ。主体的な意味づけが現実を変えていくのだ。

成功循環サイクルの「思考」の質を高める

関係

Good
Cycle

結果   思考

行動

①関係の質　対話からはじめる。率直に話しあう場をつくり、信頼関係を築く

②思考の質　前向きな気持ちになり、いいアイデアが生まれる

③行動の質　一人ひとりが自律的に行動し、問題がおきたら助けあう

④結果の質：自然にパフォーマンスが高まり、成果がでる

⑤関係の質：組織への帰属意識が高まり、さらに結束が深まる

僕たちは、仕事に何を期待しているのか

　この章では「社会にとっての仕事の意味」「自分にとっての仕事の意味」を考えてきた。しかし、深く追求していくと、それぞれの境界が溶けていくことがわかる。最後に、ふたつの意味を統合して考えてみよう。

　社会視点でどう「仕事の意味」を捉えるか。わかったことは、組織が活動する意味を「自己利益や飽くなき拡大の追求」として捉えると、社会との整合性がとれなくなるということ。「パーパス」に基づき社会に貢献すると、社会の共感性が高まり、社員も誇りを持って仕事に取り組める。結果として持続可能な経営となるということだ。

　一方で、自分視点でどう「仕事の意味」を捉えるか。わかったことは、仕事を「お金稼ぎ」や「出世」の道具として捉えると、達成の可否にかかわらず、人生の満足度が低くなるということ。目の前の仕事を「天職」として考え、自己成長と社会的意義を感じると、持続的な幸福感が得られるということだ。

　このような「他者視点の動機づけ（プロソーシャル・モチベーション）」は1980年代から研究されてきたが、近年、米国ウォートン・スクールで史上最年少の終身教授となったアダム・グラントの研究に注目が集まっている。彼は「やる気・能力・チャンス」に続く第4の成功要因として「人との相互作用」に着目し、人間を3つのタイプに分類した。

① ギバー（与える人）
　他人を中心に考え、相手が何を求めているかに注意を払い、受け取る以上に与える人。頭の中はギブのみで、はじめに与える。目的としてのテイクはなく、結果として受け取る人。

② テイカー（受け取る人）

自分を中心に考え、自分が何を得られるかに注意を払い、与える以上に受け取る人。頭の中にはテイクがあり、利益が上回る場合に取引する。

③ マッチャー（バランスをとる人）

与えることと受け取ることのバランスをとる人。常に公平という観点で行動し、相手の出方によって、助けたりしっぺ返しをしたりしてバランスをとる。

ただし、人間は自分の役割や相手との関係によってギバーになったりテイカーになったりするので、くっきりと分類できるわけではない。また、職場においてはマッチャーとして振る舞う人が多いこともわかっている。

グラントは、投資家、セールス、エンジニアから学生まで、多様な人たちを対象に、成功するのはどのタイプが多いのかを調査した。その結果、最も成功するのも、最も失敗するのもギバーであり、テイカーとマッチャーはその間に位置していることがわかった。最も成功するのは「主体性を持

アダム・グラントによる「人間の3タイプ」

ギバー

与える人。
相手が求めていることに
注意をはらい、はじめに
与え、結果としてテイク
を受け取る。

テイカー

受け取る人。
自分が得られることに注
意をはらい、利益が上回
るときのみ取引をする。

マッチャー

バランスをとる人。
常に公平で、相手によっ
て助けたりしっぺ返しを
したりする。

出典：アダム・グラント『GIVE & TAKE』

つギバー」（原著では「他者志向型のギバー」）であり、最も成功から縁遠いのは「自己犠牲のギバー」である。「主体性を持つ」とは「自分にとって意義のあることを主体的に選択し、自分の取り分のためではなく、顧客や同僚の幸せのために高い成果を目指す」という意味だ。この両者の違いは、相手がテイカーだった場合に最も顕著にあらわれる。「主体的なギバー」は、限られた自分の時間を大切にするために、テイカーに対してはマッチャー的に振る舞う。それに対して「自己犠牲のギバー」は、テイカーに対しても盲目的に与え続けるために、精神的に消耗してしまうのだ。

　自分が楽しめること、自分が意義を感じることをする。主体的なギバーは他者からの利益を求めているのではなく「自らが考えた意義」に喜びを感じて仕事をしている。その意義を通じて、自己と他者が一体となり、価値が生まれ、自己成長していく。その繰り返しで、結果的に繁栄する。逆に「滅私奉公」の精神で自己犠牲を一義とするギバーは、自己をすり減らしていき、テイカーやマッチャーよりも低い成果にとどまってしまうのだ。主体性を持つギバーは、言いかえると「仕事を天職と意味づける人」である。彼らが長期的な視点で最も成功する確率が高い。それが大規模な調査から裏付けられたことは注目に値するだろう。

　人はうつろいやすい生き物だ。社会からも賞賛され、生きがいを感じて働いていると、頼りになる人、何でも引き受けてくれる人などの評価が定着し、地位も報酬もあがってゆく。ただしその状態が続くと、いつしか、人々の評価や期待に応えること、自分の立場を守ることが目的になってしまうことも多い。初心を忘れないこと。自分自身の内側とつながること。他者の期待のために生きる「偽りの自分」ではなく、自らの貢献実感や成長実感に喜びを感じるといった自分自身の内面を常に意識することだ。

　アブラハム・マズローは晩年に、5段階の欲求階層の上に、もうひとつの段階があると発表した。それは「自己超越欲求」、自分を超えたコミュニティに貢献する欲求であり、彼の研究によると、このレベルに達する人

は２％ほどだとした。この人たちこそ、まさに「意味のある人生」を追求している人であり、「他者志向を揺るがない信念として持つギバー」といえるだろう。

ドイツ強制収容所での経験を書き記した名著『夜と霧』の著者で、心理学者ヴィクトール・フランクルは、その過酷な体験から「どんな状況であっても、人生には意味を見出すことができる」とし、日々の生活に苦しむ世界の人たちを大いに勇気づけた。彼の言葉も、マズローやグラントの研究と一致している。究極の修羅場から学んだフランクルの至言を、この章の締めとしたい。

「人間はある事柄に専心し、自分を超え、他の人格に献身する生き物である。人間存在の本質は、自己実現ではなく自己超越にあるのだ。自己実現は、それが目的そのものになると達成されえず、ただ自己超越の副次的な結果としてのみ、達成されるものなのである」

ギバー・テイカー・マッチャーのマトリクス

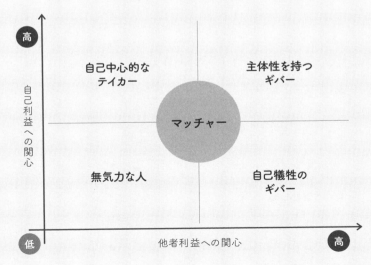

出典：アダム・グラント『GIVE & TAKE』

失敗したわけではない。勉強したのだと言いたまえ。

好奇心旺盛な子供だったエジソンは、小学校に入学してから三ヶ月もの間、先生を質問攻めにした。納得するまで問い続ける8歳の子供に、先生は「お前は頭が悪すぎて何も学べない！」と言い放つ。それを聞いた母親は「好奇心を育てないあなたのやり方は間違ってる。私が教えます」と先生に宣言して、エジソンを退学させた。

エジソンは家で学ぶことになった。母は彼の問いにひとつずつ丁寧に答え、わからなければ、答えられる人を一緒に探した。好奇心を摘んでしまうのではなく、むしろ大切に育てたのだ。エジソンは考える楽しみを覚え、努力の大切さを覚え、学問に愛情を抱くようになった。

15歳の時、勤めていた駅で子供を助けたことがきっかけで、その子の父から電信技術を学ぶと、その知識をもとに自動電信機を発明する。それ以来、若きエジソンの本業は発明家になった。今の言葉でいうと起業家に近いだろう。白熱電球の研究では、2万回の失敗の末に、45時間点灯する電球を開発した。その時の彼の言葉が、彼のすべてを物語っている。

失敗などない。
その方法ではうまくいかないことがわかったんだから、
成功なのだ。

彼にとっては、文字通り「失敗が成功の母」だった。

人は生まれながらにして「学びたい」という強い気持ちを持っている。しかし、偏差値教育やビジネスの管理体系が「好奇心や向上心という、誰もが持つ自走のエンジン」を破壊してしまう。それなのに、人が自走してくれないと嘆き、さらに管理の手綱を引き締めていくのだ。ああ、なんともったいないことだろう。今こそ、僕たちはエジソン母子に学ぶ時なのだ。

もう一度、好奇心を呼び起こそう。恐れずに走りだそう。今を楽しみ、学び続けよう。
これがこの章のテーマであり「行動の質」の核心となるものである。

5

アメとムチを捨て、
好奇心を解き放とう

~ 内発的な動機づけで、行動の質を変える

01　人のやる気はどこから生まれるのか

お金は、人の心を動かせるのか？

　あなたは、ぶら下がり棒に何秒ぐらいぶら下がれるだろうか？

　1953年のこと、ハーバード大学の神経学者だったロバート・シュワブは、筋肉疲労の仕組みを調査するために実験を行い、普通の人が棒にぶら下がって我慢できる時間は約50秒であることを割り出した。では、誰かに応援されたり、催眠術をかけられたりしたらどうなるのだろうか。実験してみると、その効果はてきめんで、平均で約75秒、被験者は手首の屈筋の痛みに耐えてみせた。最後に、シュワブは究極の武器を使うことにした。「お金」である。彼は5ドル札（今の約4000円に相当）を被験者に見せた上で「これまでの成績を上回ったら、このお金をお渡しします」と伝えたところ、参加者は、なんと平均約2分もの間、鉄棒にぶら下がり続けることができた。お金を受けとることで態度が変わる人を「現金な奴」などと揶揄するが、そもそも人間とは現金な生き物だったのだ。

　もうひとつ、2007年にハーバード大学の経済学者ローランド・フライヤーが行った大規模な試みを紹介しよう。彼は3.6万人の子どもに総額10億円ものお金を支払い「お金の力がどのくらい成績を引き上げるか」という興味深い実験を行った。対象となったエリアは、ニューヨーク、シカゴ、ワシントン、ヒューストン、ダラスの米国5都市で、各都市はそれぞれ独自性を加えられるようにした。その結果、不思議なことに、ダラスだけが成績を上げることに成功したのである。理由は明確だった。ダラスはお金の渡し方を工夫したのだ。他の4都市では「成績が上がった子ども」に対してお金を支払ったのに対して、ダラスの場合は「指定した課題を達成した子ども」に対してお金を支払った。例えば、読書をした子どもに1冊あたり2ドルを与えた。その結果、その子どもは読解力を向上させたのだ。

しかし、ダラスの効果も長くは続かず、一年たつと改善率は半分に低下してしまった。また、報酬を与えることで、報酬なしのワークに興味を持たなくなることも明らかになった。

　これらの実験からわかることはなんだろう。まず、お金は単純なこと、誰でも努力すればできることに対して、一時的に著しい動機づけになるということ。一時的に「我慢する力を高める」と言い換えてもいいだろう。ただし、継続すると効果が薄れてしまう。また、いったん報酬を出すと、報酬なしでは努力しなくなってしまう。お金は、明らかに人の行動を変化させるが、効かないことも多い。また、長期的に見ると、麻薬のように恐ろしい負の影響があるのだ。

お金は一時的な動機づけにしかならない

お金を支払う対象を「指定の課題を達成した生徒」にした
➡ 成績アップに成功

しかし

1年たつと改善率 50% ⬇
報酬なしではワークへの興味 ✖

組織のモチベーションをアップデートする

　動機づけにおいて、お金は万能ではないことがわかった。その後の研究で、これらはお金特有の問題というより、賞罰などで「外部から行動を強いるような動機づけ」には共通することで、そのような動機づけにはいくつもの問題があることがわかってきた。

- 好奇心を失わせる
- 正解のない、高度な業務の生産性を落とす
- 創造性をはばむ
- 好ましい言動（善行）への意欲を失わせる
- ごまかしや近道、倫理に反する行為を助長させる
- 依存性がある（なしでは働かなくなる）
- 短絡的思考や短期的思考を助長する

　ダニエル・ピンクは、時代とともに効果的な動機づけは変化するとして、モチベーションを3つの段階に分けて説明している。モチベーション1.0は

仕事はアルゴリズム型からヒューリスティック型へ変化している

	アルゴリズム型業務（定型的な仕事）	
	①シンプル	②多層的
例えば…	大量計算、単純作業	ホワイトカラー業務
問題解決の手法は?	特定の手順で答えを出す	複雑な手順を統合して答えを出す
正解がある?	ある	ある
得意なのは?	コンピュータ、機械	RPA（ロボティクス・プロセス・オートメーション）

「ムーアの法則」（半導体の集積率は18ヶ月で2倍）に従い、

「空腹を満たしたい・子孫を残したい」など生命維持に必要な行動で、最も根源的な動機づけといえる。続くモチベーション2.0は「給料を上げたい・出世したい・叱られたくない」など、報酬と処罰による動機づけだ。最後のモチベーション3.0は「仕事が楽しい・もっと成長したい・素晴らしい作品をつくりたい・人の役に立ちたい」など、自らの内面から湧き出てくる自発的な動機づけだ。

　モチベーションの変化は社会の成熟度によるところが大きいが、もうひとつ見逃せないのが仕事の質的な変化である。100年前の仕事の多くは、工場の流れ作業のように決められた手続きの作業をこなすことだったが、そのような単純作業は機械やコンピュータがこなすようになったために、人間の役割は複雑さを増してきた。賞罰による動機づけは、ルーチンワークには非常に効果的だが、クリエイティブワークに適用すると逆効果になってしまう。2005年のマッキンゼー調査によると、米国で新たに生まれる仕事の70％はクリエイティブワークだった。それからも知識社会は大いに加速している。安易に賞罰を用いると生産性を下げてしまう時代になったのだ。

ヒューリスティック型業務（創造的な仕事）		
	③シンプル	④複雑
例えば…	チェス、将棋、囲碁	経営、政治、芸術
問題解決の手法は?	一定の制約の下で直感的に発見する	制約がない世界で直感的に発見する
正解がある?	ありそう	ない
得意なのは?	AI	人間

創造的でない仕事は、加速度的に減ってゆく

内なる動機を世界に広めた、ある学者の話

　心理学用語では、モチベーション2.0は「外発的動機づけ」、モチベーション3.0は「内発的動機づけ」と呼ばれている。

　動機づけにはふたつの種類があり、外発的な動機づけには功罪があるということを広く世に問うたのは、心理学者のエドワード・デシである。彼は1969年の「ソーマキューブの実験」で、報酬が逆にやる気を喪失させるというショッキングな論文を発表したが、その新規性のために学界では邪説として扱われ、ビジネススクールを解雇されてしまう。しかし、この論争がデシの探求心に火をつけることになった。

　人間は、もともと内なる欲求から課題に取り組む性質を持っており、それ自体に喜びや充実感を感じて行動する生き物である。外部から人をコントロールしようとすると、その内なる動機が失われてしまうのだ。デシの主張は当時の組織論の常識をくつがえすものだったが、彼は「人間の新しい可能性を拓く」という使命を帯びて研究に没頭した。そして、リチャード・ライアンという反骨精神旺盛な若き研究者と出会い、共同で「自己決定理論」を構築する。無動機づけから、外発的動機づけを経て、内発的動機づけにいたる、6段階の連続的なモチベーションを体系化したのだ。（146ページ参照）

　また、デシは自己決定理論において、「自分でやりたい」「能力を発揮したい」「人々といい関係を持ちたい」という3つの心理的欲求が満たされると、人間は動機づけられ、生産的になり、幸福を感じることにも言及した。しかし、ビジネスの場では、社員は常に評価され、賞罰に結びつけられる。失敗をした場合に「問題の真因を究明し、そこから学ぶ」という実り多き課題に取り組まず、アメとムチによって「失敗をしないように統制すれば解決する」と考えてしまうのだ。

ソーマキューブの実験

7つの部品からなる
3×3×3の立体パズルを組み立てる実験

・2グループの大学生男女によるパズルの生産性を3日間測定
・各グループの部屋にはソーマキューブ、完成図、雑誌を用意
・2日目のみ、Aグループは図と同じ形に組み立てたら報酬を支払う
　と約束

両グループの休憩時間の様子を観察した

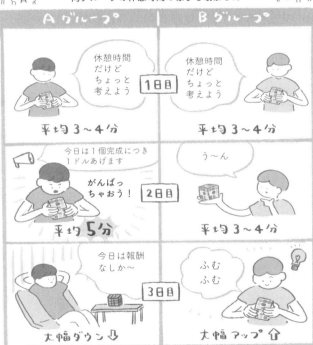

この実験で、パズルのような好奇心を刺激する活動も、
報酬を与えることで本人の活動の意味が変わり、
その活動への意欲を失ってしまうことがわかった。

出典：エドワード・デシによる1971年の実験

　外発的動機づけに対するデシの見解はこうだ。「報酬は、それとはわからないぐらい目立たずに与えるほどよい。意欲を高めようとして安易に賞罰を用いる時が、メンバーの意欲を最も失わせる時だ。かわりに、人間が持つ心理的欲求が満たされる環境を築くことに、リーダーはもっと努力を傾けるべきなのだ」

　デシとライアンは、30年以上にわたって、全世界の科学者とのネットワークを築き、ビジネス、教育、医学、スポーツ、運動、健康など、あらゆる領域においてフィールド調査を重ね、内発的動機づけの重要性を探求してきた。彼らがまとめた何百にもおよぶ研究報告の大半は同様の結論を示している。これまでの実証研究によって、外発的動機づけよりも内発的動機づけの方が、個人の行動へのコミットメントや持続性を高めることは、現在の経営学におけるコンセンサスとなっている。

参考資料

ナッジ理論

人々の行動を良い方向に変えるには「大声で連呼する」よりも「ひじで軽くつつく（ナッジ）」くらいささやかな方が効く。2017年にノーベル経済学賞を受賞したリチャード・セイラー教授によって提唱された理論。行動を強要することなく、自由意思を尊重しつつ良い方向へ導く「リバタリアン・パターナリズム」という考え方がベースになっている。

最も有名なのは、アムステルダムのスキポール空港の事例だ。男子トイレの小便器の内側に「一匹のハエの絵」を描くだけで、清掃費が8割減少したのだ。「トイレを汚さないようにご協力ください」などという張り紙をする代わりに、「人は的を発見すると、そこに狙いを定める」という深層心理を応用し、利用者の小便を小さなハエの絵に巧みに導いた結果だった。他にも「あなたの住む地域のほとんどの人は期限内に納税しています」という手紙で税金滞納者の納税率を大幅に引き上げた英国政府の事例や、「ここは自転車捨て場です」という貼り紙で放置自転車をゼロにした国内事例が知られている。

この実験で、考えやすい問題❷には外発的動機づけが有効だが、
創造的な問題❶には逆効果であることがわかった。

出典：カール・ドゥンカー考案の問題と、サム・グラックスバーグによる1962年の実験

黄金のスリーカードが、内なるやる気をもたらす

　内発的な動機の根源には「自律性」「有能感」「関係性」という心理的欲求がある。メンバーのやる気に火をつけ、自走する組織の根幹となる3つの欲求について、もう少し深掘りして考えてみよう。

　「自律性」とは「自らの行動を、自分自身で選択したい」という気持ちのこと。自己決定の欲求ともいう。外発的な動機づけは、外部から人の行動をコントロールしようとする施策のため、自律性を喪失させ、興味や熱意が失われる原因となってしまう。ただし、「ジャムの実験」でわかる通り、人間は「完全なる自由」を求めているわけではないことにも注意したい。ある課題を解決するよう求められた場合でも「実現方法に対する自由な裁量」が許されていれば、自律性を奪われた人間よりも熱心に取り組み、その活動自体を楽しむことがわかっている。やる気を生み出す鍵は「自己決定」にある。人間は自ら選択することによって、自身の行動に意味づけし、納得して活動に取り組むことができる。自由を得たことで、人間として尊重されていると感じ、やる気や働きがいを生み出すのだ。

　「有能感」とは「おかれた環境と効果的に関わり、有能でありたい」という心理的欲求である。有能感について、デシはある新聞社に勤める伝説的な整理部記者（リライトマン）の事例をあげた。彼は長く現場でリライトの仕事に携わり、熟達を重ね、その仕事に大いなるやりがいを感じていた。納得いくまで仕上げたい。そのためには夜遅くの残業も苦ではない。会社はその才能を高く評価し、より高給の編集主任に抜擢しようとしたが、彼はその昇進話を断った。今の仕事こそ、彼にとっての天職であり、一流の成果を成し遂げた達成感が生きがいになっていたからだ。有能感は、自分自身の考えで活動できる（自律性を発揮できる）時、それが最適な難易度を持った挑戦となる時にもたらされる。有能感を感じて仕事に夢中になっている状態は「フロー体験」と呼ばれる。この「フロー体験」を創り出す環境づくりが、内発的動機づけを高める施策の鍵となる。

ジャムの実験

- スーパーのジャム売り場での実験
- 試食コーナーのジャムの種類を数時間おきに変え、顧客の購買行動への影響を調べた

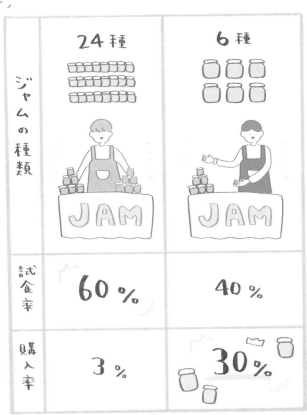

	24種	6種
ジャムの種類		
試食率	60%	40%
購入率	3%	30%

この結果から、「選択の自由が高まれば、人間は満足するわけではない」ことが検証された

出典：シーナ・アイエンガー『選択の科学』

「関係性」とは「人を思いやり、思いやりを受けたい」「人を愛し、愛されたい」と願う心理的欲求である。人は「自分で考え、決定したい」という欲求を持ちながら、一方で「他者とも結びついていたい」と願っている。ここで注意したいのは「自律性の欲求」と「関係性の欲求」は必ずしも相反するものではなく、意図すれば両立できるということ。なぜなら「自律性」とは「自らの行動を、自分自身で選択したい」という欲求であり「利己的な行動をしたい」という欲求ではないからだ。関係性が満たされる選択肢を自らが選べば、双方が満たされることになる。心理学者カール・ロジャーズは「完全に機能する人間は、自分自身に近づいていくプロセスに完全に没頭しており、かつ、それによって、自分が健全で現実的な社会性を持っていることに気づく」とした。これは、マズローが提示した「自己超越欲求」にも近い考え方といえるだろう。

やる気のスリーカード「自律性」「有能感」「関係性」が満たされることで、内発的動機は心の奥から湧き上がってくる。自らが選択したことで、自らの能力を活かして価値を生み、信頼しあう関係性が築かれていく。一人ひとりのメンバーの欲求を理解し、その欲求が解き放たれた時、人は多くを達成し、豊かな人生を送ることができる。結果として、組織は大いなる成果を得ることができるのだ。

「十分な数の人々が、内発的な動機から自分の幸せの実現に全力をあげるようになった時こそ、組織の進化における決定的瞬間である」とは、ピーター・センゲの名言である。彼の言う決定的な組織の変化とは、社員が自分のために動き、自然とコラボし、組織の成果を上げる「自走する組織」になることである。では、どのように3つの心理的欲求を満たし、内発的動機を高めればよいのだろうか。ここからは、それぞれの欲求に注目し、個々に具体的なメソッドを考えていこう。

3つの心理的欲求

3つの心理的欲求は、同時に満たすことができる。
これらの欲求がすべて満たされるのが「意味のある人生」である。

02 一枚目のカード「自律性」をとりもどそう

メンバーの自律性を阻む「組織の罠」

　クリス・アージリスは、人間のパーソナリティ研究を基盤として、個人と組織との葛藤について考えた経営学者である。人間はさまざまな環境の中で、自分自身に「適応」ないし「順応」させながら成長していく。ここでいう「適応（adjusted）」とは、自分のパーソナリティが内面とバランスがとれていることで、「順応（adapted）」とは自分のパーソナリティが外部とバランスを保っていることだ。彼は、個々の環境の中で、ウチとソト、ともに均衡がとれている状態を「統合（integration）」と呼び、その状態の時に「自己実現（self actualization）」が達成されるとした。また、人間のパーソナリティは以下のように成長すると考えた。

人間パーソナリティの成長段階

1 受け身の状態から、能動的になっていく

2 他人に依存する状態から、独立した状態に発展する

3 単純な行動から、多様な行動ができるようになる

4 その場限りの浅い関心から、より深い興味を持つようになる

5 短期の展望から、長期の展望へと発達する

6 従属的な立場から、周囲と対等になり、リードする立場になりたいと思う

7 自己意識が欠如した状態から、自己を意識し、制御しようとする

アージリスは、このような人間の自然な成長に対して、組織はそれを阻む特性を持つとし、その問題点を4つの原則に集約した。この原則は、まさに科学的管理法が効率化の鍵としたことである。

成長を阻む組織の4原則

1 仕事の専門化⋯⋯ 個人の能力が、部分的にしか用いられない

2 命令の系統⋯⋯⋯ 下位の者は、従属的・受動的にならざるを得ない

3 指揮の統一⋯⋯⋯ 個人が、自発的に目標設定することにはならない

4 管理の範囲⋯⋯⋯ 末端の個人にとっては、自己の統制範囲を狭める

組織の原則が適用されるほど、個人の成長を阻むようになる。例えば、仕事を専門化すると個人の能力の一部しか活用できないし、命令や指揮、管理によって上位の人間に従属的になり、人間が本来持っていた自律性を失ってしまう。その結果、組織内で自己実現を達成することが困難となり、欲求不満や葛藤が募ってゆく。組織の「歯車」になったと感じてしまうのだ。

組織との葛藤に悩む人間は、①組織を去る、②出世して管理者になる、③自分の心を守るために順応する、④無関心になり報酬にのみ価値をおくという選択肢のいずれかをとるようになる。③や④を選択した社員は、働きがいを見失い、心理的エネルギーが減少する。すると管理者は外発的に圧迫するようになり、さらに受け身になってしまう。悪循環である。組織の原則が、成熟に向かって成長していた人間を、未成熟な状態に戻してしまう。これが「組織の罠」と呼ばれるものだ。

リーダーが陥る「責任感の罠」

　メンバーの自律性を阻むのは、実は「組織」というシステムだけではない。組織をリードする立場の「人間」の思考にも、自律を奪う特性がある。それに言及したのはエドワード・デシである。

　成果へのプレッシャーが、教師の行動をどのように変容させるのかを確かめるために、デシは「教育の場」をつくる実験を考案した。教師役の被験者には、あらかじめすべての問題のヒントと回答を伝え、問題を練習する十分な時間も与えた。その上で、教師役をふたつのグループにわけ、ひとつのグループだけに「教師として、生徒に高い水準の成績を収めさせることがあなたの責任ですからね」というメッセージを付与したのだ。結果は驚くべきものだった。高い水準の成績を求められた被験者は、何も伝えられなかったグループと比較して、話す時間が2倍、命令的な話（すべき、しなくちゃなどを含む言葉）が3倍、管理的な話も3倍していたのだ。

　圧力をかけられるほど、教師は管理的になる。そのことが生徒の内発的動機づけ、創造性、概念的理解を低下させていた。成果を求められるほど、成果を落としてしまう。「責任感の罠」が皮肉なパラドックスを生み出していたのだ。

　リーダーの役割を経験した人で、この罠にはまらなかった人は皆無なのではないだろうか。特にまじめな人ほど陥りやすい、人間として当たり前の思考回路なのだ。リーダーが厳しすぎたり、コントロール欲求を強めたりするのは、その人のキャラクターの問題ではない。リーダーは組織に貢献しようという思いで、よかれと思って管理的な行動を強めている。責任感の罠にはまっているだけなのだ。

↳ B先生は命令的・管理的な話がA先生の3倍に

（システム）
　この結果から、メンバーの自律性を阻むのは「組織」だけでなく、
リードする人間が「責任感の罠にはまっている」場合もあるということがわかった。

ふたつの罠に陥り、組織は硬直化していく

　一般的な組織では、経営陣が「戦略」を考え、管理部門が「管理システム（組織・人事制度・予算統制）」を設計・運用し、現場部門が「業務判断」や「業務行動」を行う。下の表のように組織は階層構造になっており、各部門は、任された範囲における意思決定を行い、それにしたがって行動し、その結果が業績となる。

　業績を直接的に決めるのは、経営そのものではない。現場部門ごとの業務行動こそ、業績に直結するのであり、②全社戦略と⑦業務行動の間には、何重もの「意思決定と行動」の階層がある。人は機械ではなく、心を持った生き物だ。そのために「意思決定」と「行動」の間には大きな溝があり、「意思決定をする人」は、なんらかの働きかけによってメンバーの行動を促すことになる。

　「自律性」とは、この一連のシステムの中で、それぞれの階層における「意思決定をする人」と「行動する人」の間にある働きかけの問題である。エドワード・デシは、ここに「6段階の動機づけ」があるとした（146ページ参照）。

「意思決定と行動」の階層

	規律・規範	意思決定	行動
全社	①パーパス	②全社戦略	③全社管理システム
部門（統括）	③全社管理システム	④部門戦略	⑤部門管理システム
部門（現場）	⑤部門管理システム	⑥業務判断	⑦業務行動

　意思決定者が「責任感の罠」にはまると、コントロール欲求が高まり、より直接的な動機づけに走ってしまう。時間とともにその働きかけは積もっていき、多重の規律となっていく。これがメンバーの自律性を殺し、受け身の姿勢を生み出してしまうのだ。例えば、新しく創設された事業部門を例にとってみよう。

管理する組織
～組織と責任感の罠に陥り、複雑化していく業務システム

① 部門の年間の売上や利益の目標（予算）が決まる

② 分散統治のために、部門長はグループにわけて予算を配分し、責任者をおく

③ 役割分担のために、グループ長はメンバーに予算を配分する

④ 進捗把握のために、週次の定例会議を設定する

⑤ 進捗管理のために、メンバーは日報、グループ長は週報提出を義務化する

⑥ 業績が悪い部門のテコ入れのために、報告や会議の頻度を増やす

⑦ 部門全体の業績テコ入れのために、さまざまな賞罰やルールが導入される

⑧ 現場が数字づくりに走り、無理な売上が増え、クレームやトラブルが発生する

⑨ トラブル対応のために、コンプライアンスが強化され、専任部門が新設される

⑩ コンプライアンス会議が定例化し、問題の発見や報告が義務となる

⑪ 問題が発覚すると、それに関連する部門や業務の報告や会議の頻度を増やす

　どうすれば、この悪循環を断つことができるのだろうか。ポイントは、上位部門が下位部門を管理統制して、業績の数値をつくりだし、問題を制御するという「管理する組織」の発想を脱却すること。環境にあわせて、学びながら進化する「学習する組織」に移行することだ。学習する組織における、シンプルな業務システムの例をあげてみよう。

学習する組織
〜メンバーの自律性を活かした、シンプルな業務システム

① 全社のビジョンを共創する対話の場を設ける

② 本社と部門が対話で意味を共有し、相互に理解し、部門のビジョンを共創する

③ 部門内でも、管理者とメンバーが対話を通じ、チームのビジョンを共創する

④ ビジョンと現実の差異は学習の機会とし、関係者とコラボして、価値を創造する

⑤ クレームやトラブルも学習の機会とし、関係者とともに解決し、知識を蓄める

⑥ 組織や個人の学習を知識として共有し、SECIモデルで組織を進化させる

　学習する組織におけるビジョンには数値目標や計画を含む場合もあるが、予算との違いは、①北極星と相即不離の意味を含み、②評価ではなく学習のための目標と計画である点にある。組織において「目標・計画・役割」は、

SECI（セキ）モデルが提唱する、知識変換のサイクル

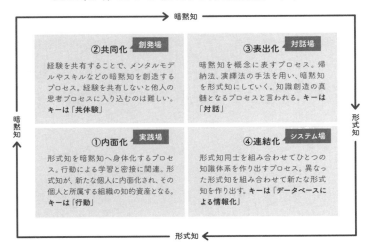

出典：野中郁次郎他『知識創造企業』

分業を効率的に行うために欠かせないもので、それなしでは「自由放任の組織」となり、組織の意義を喪失してしまう。ただし、それを絶対まもらなくてはいけないものと位置づけると「組織の罠」「責任感の罠」にはまり、硬直化、複雑化してしまう。目標・計画・役割を絶対の基準とせずに「最善の今を考えるためのツール」と捉えることだ。お酒は飲むもの、お金は使うもの。お酒に飲まれたり、お金に使われたりしたら、本来の価値が失われてしまう。目標・計画・役割も、それと同じことである。

創業時は自由闊達で家族のようだった組織が、規模の拡大とともに硬直化し、メンバーの自律意欲をそいでしまう。ふたつの罠は、大きくて歴史のある組織ほどかかりやすい、大企業病の根っこにあるものと言えるだろう。

「学習する組織」が目指すべき「目標・計画・役割」

	✕ 自由放任の組織	△ 管理する組織	ここを維持する 学習する組織
目標	目標なし 自由に仕事する	目標を立て、共有する 目標を達成することが目的となる	自発的に目標を立て、共有する ギャップは、学習の機会と捉える
計画	計画なし 自由に仕事する	計画を立て、共有する 計画を遵守することが目的となる	自発的に計画を立て、共有する 走りながら、計画を最適化する
役割	役割なし 自由に担当する 問題が起きても、自発性に任せる	役割を決め、進捗を共有する 問題が起きたら、責任を明確にする	役割を決め、進捗を共有する 問題が起きたら、全員で助けあう

「目標・計画・役割」は、手段であっても目的ではない。それらを「取り入れ」して
自己目的化してしまうと「学習する組織」から「管理する組織」に変質してゆく。

組織の「しなくちゃ」を断捨離する３つのポイント

　組織の罠、責任感の罠によって、メンバーが本来持っている「自ら考え、行動したい」という意欲がそがれてしまう。これを避けるための特効薬は「規律を最小化する」こと。組織の「しなくちゃ」の断捨離を徹底的に行い、個人の中に「しよう」「したい」という気持ちを芽吹かせることだ。歴史のある組織、大きな組織ほど、無意味で不合理な規律や手続き、習慣が膨れ上がってしまう。これらは、社員だけでなく、顧客にとっても悪夢であり、ブランドイメージや顧客満足度を直接的に引き下げる要因になっている。

　第二次大戦後、弱小な自動車メーカーだったトヨタは、米国のライン生産方式を徹底的に研究し、当時副社長だった大野耐一らが体系化した生産システムをつくりあげた。製造現場における7つのムダを徹底的に排除した「トヨタ生産方式（TPS）」である。この画期的なシステムは同社の快進撃を支え、その後の経営学やビジネス界にも多大なる影響を与えることになった。

トヨタ生産方式が廃した7つのムダ

1.加工のムダ
2.在庫のムダ
3.造りすぎのムダ
4.手持ちのムダ
5.動作のムダ
6.運搬のムダ
7.不良・手直しのムダ

　組織の「しなくちゃ」を最小化する第一歩は、トヨタ生産方式のごとく、組織内に横行する、あらゆるムダな規律、手続き、習慣を発見し、抜本的に改善すること。複雑なものを徹底的なシンプルにすることだ。では、既存の複雑なシステムの、どこをどのように断捨離すればいいのだろうか。ポイントは3つの原則「ゼロベース思考」「ダブルループ学習」「透明のチカラ」を組織の運営システムに組み込むことだ。

① 定期的に「ゼロベース思考」で断捨離する

　過去の経験から積み上げた前提知識や思い込みをいったんゼロにして、ベースがない状態から物事を考えること。経済学者スティーヴン・レヴィットが提唱した「ゼロベース思考」だ。組織の仕組みは、時とともに例外ケースを包み込み、肥大化していく宿命にある。期や年度など一定のサイクルで、過去の資産をゼロクリアし、システムを一新させる意識と機能を持つことだ。ポイントは、WHYにあたる「利用者に提供する価値」に集中し、システムを極限までシンプルに絞り込むこと。どんな難問もクリエイティブに解決できるという確信を持って取り組むことである。

② 問題発生時に「ダブルループ学習」で断捨離する

　複雑な問題に対する特効薬は、問題の根本に何があるかを考え、真因を改善することだ。クリス・アージリスが提唱した「ダブルループ学習」である。発生した問題に対して、既存の目的や前提そのものを疑い、そこから軌道修正を行うのだ。それに対して「シングルループ学習」とは、過去の学習や成功体験をもとに問題解決を図ることであり、本質的なエラーを除外できない欠陥を持っている。多くの場合、短期業績に直結する対症療法は行うが、より重要な根治療法については時間の経過とともにウヤムヤになってしまうことが多い。時間がかかっても、根治療法を行うこと。それによって組織は進化していくのである。

③ 複雑な統制を「透明のチカラ」で断捨離する

　複雑なルールや命令を大胆に減らすにはどうすればいいのか。先進的な自律型組織に共通するのは、統制する代わりに、社内を透明にする「透明のチカラ」を導入していることだ。例えば、企業は経費を削減するために、何重にも管理者を配置し、稟議システムで「統制」してきた。巨大な手間と経費を投下しているのだ。では、経費をすべて「透明」にしたらどうなるだろう。誰が何にいくら使用したか、誰でも閲覧できるようになれば、無駄な経費は激減するだろう。説明責任が生じ、共感や評価を得られない経費が姿を消すからだ。コペルニクス的な発想転換だが、メンバーは社内外からの共感と評価、ピア・プレッシャーの中で協働するようになる。

　定期的な「ゼロベース思考」に、問題発生時の「ダブルループ学習」を組み込み、複雑なルールには「透明のチカラ」の活用を考えると、組織はリフレッシュされる。常に外部環境に最適化した、贅肉のないシステムに進化させることができる。効果的なアクションのステップも例示しておきたい。この取り組みは、DX（デジタル・トランスフォーメーション）化を推進することにもなるだろう。

1 理念と照らし合わせて、チームが本来持つべき「パーパス」を話しあう
2 価値創出と無関係な「無意味な規律、無駄なシステム」を洗い出す
3 無意味な規律やシステムがある理由を「なぜ」を繰り返して深掘りする
4 根っこの問題を発見したら、クリエイティブにその解決方法を考える
5 リスクを想定した肥大化した文章表現も、徹底的にシンプルにする
6「透明のチカラ」で、シンプルに解決できることはないかを検討する
7 1〜6を日常業務に取り入れ、シンプルなシステムを維持、進化させる

　最後に、ピーター・ドラッカーの至言でこの節をしめたい。「知識労働の生産性の向上のために最初に行うことは、行うべき仕事の内容を明らかにし、その仕事に集中し、その他のことはすべて、あるいは少なくとも可能なかぎりなくしてしまうことである」

問題の真因を発見する「ダブルループ学習」

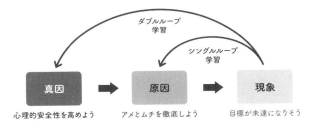

米国組織心理学者クリス・アージリスとドナルド・ショーンが提唱した「組織学習」の概念。

「**シングルループ学習**」とは、過去の学習や体験を通じて得た知識に基づく問題解決と学習のこと。
「**ダブルループ学習**」とは、**目的や前提そのもの**を疑い、それも含めた軌道修正を行う学習のこと。

耶律楚材の座右の銘

一利を興すは一害を除くに如かず
一事を生かすは一事を省くに如かず

（新しいことをひとつはじめるときは、
まず余計なものをひとつ取り除いたほうがよい）

や りつ そ ざい
耶律楚材

世界最大のモンゴル帝国を築いた
チンギス・ハンを支えた名宰相

03　二枚目のカード「有能感」を満たそう

コンフォートゾーンから、ラーニングゾーンへ

　1908年、まだ科学的管理法が世に出たばかりのころのこと。心理学者のロバート・ヤーキーズとJ・D・ドットソンは、外部刺激と学習能力の関係を探るために、ネズミを用いて動物実験を行った。例えば、黒と白の目印を区別するようにネズミを訓練し、ネズミが区別を間違えた時には電気ショックを与えた。また別の実験では、迷路にネズミを入れ、誤った道を選択した時には電気ショックで学習を促した。

　この実験から、電気ショックの強さが高まるとネズミの正答率が増すが、電気ショックがある強さを超えると正答率が低下するということがわかった。電気ショックを業務の難易度や精神的なプレッシャーと置き換えると、人間のワークに応用することができる。

・コンフォートゾーン

　外部刺激の少ない状態では、人間は持ち前の学習能力を発揮することができず、そのために有能感を感じることができない。居心地はよいが、充足感のない状態で「コンフォートゾーン」と呼ばれる。

・ラーニングゾーン

　適度な外部刺激により、適切な不安を感じることで、人間は学習能力を発揮することができる。この状態は「ラーニングゾーン」または「ストレッチゾーン」と呼ばれる。一定の条件下で最も適切な刺激が加わると、後述する「フロー体験」となり、有能感を味わいながら、能力を最大限に発揮することができる。

・パニックゾーン

　外部刺激が一定レベルを超えると、生存領域を侵される危険性を感じるために過度のストレスとなり、学習能力が落ちてしまう。この状態は「パニックゾーン」と呼ばれる。

　さらに、与えた作業の難易度によっても異なる結果が出た。白黒の分別のような単純な作業では強いショックが効果的で、迷路のように難易度の高い作業では弱いショックが効果的であることがわかったのだ。

ヤーキーズ・ドットソンの法則

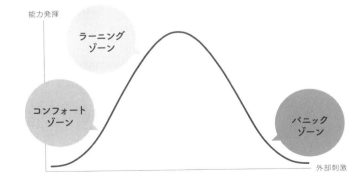

能力発揮

ラーニング
ゾーン

コンフォート
ゾーン

パニック
ゾーン

外部刺激

持続的な成長をもたらす「フロー体験」とは

　ラーニングゾーンの状態が持続すれば、人間は有能感を感じながら、効果的に学習し、成長することができる。では、どのようにそれを実現すればいいのか。この分野で世界的に注目されているのが「フロー体験」を研究する、クレアモント大学教授、ミハイ・チクセントミハイだ。

　彼はクロアチアで生まれ、幼少期に第二次世界大戦を経験する。家族でイタリアとハンガリーを行き来し、戦争の悲惨さを目の当たりにした。若き日に心理学に傾倒したミハイは、意を決して単身渡米するが、シカゴにたどり着いた時の持ち金はわずか1ドル少々だったという。そこで、ナチスの強制収容所を生き延びたイザベラと出会い、人生の伴侶となった。シカゴ大学では、尽きることない欲望に支配された現代に憤りを感じ、人間の本質的な喜びや楽しさの研究をはじめる。ポケットベルを活用し、無作為に主観的な経験の質を測定する「経験抽出法」を考案し、10万件を超え

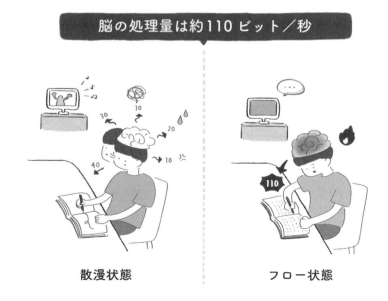

脳の処理量は約110ビット／秒

散漫状態　　　　　　　　　　　フロー状態

るデータに基づき「フロー体験」とそこにいたる道程を発見したのだ。

　彼は、人間の脳の処理容量を毎秒110ビット程度と想定し、それを「心理的エネルギー」と表現した。フロー体験とは、この心理的エネルギーのほぼすべてを目の前の活動に没入し、時間を忘れて熱中している状態のことだ。例えば、テレビを見ている時には、注意集中、能力の使用、思考の明晰さ、有能感がいずれも最低水準となってしまうことがわかっている。人間は、自分の「心理的エネルギー」をどのように投射するかによって、自分自身を作り上げていく生き物なのだ。また、苦痛・恐れ・激怒・不安・嫉妬といった意識に負の影響を与えるものを「心理的エントロピー（無秩序）」と呼び、意識を望ましくない対象にねじまげてしまう原因と考えた。その上で、フロー体験が生まれる条件を導き出したのだ。いわば、無我夢中の状態を創り出す方程式である。

チクセントミハイによる「グループ・フロー」の条件

個人の中で閉じられたフロー体験を超えて、集団が全体として作用して、
個々のメンバーがフローに達するための10の条件。

1. **適切な目標**：明確だが、多様な解釈を生む自由度の高い目標
2. **深い傾聴**：自分が聴き取ったことに対して純粋に反応する
3. **完全な集中**：現在の活動とそれ以外の活動を切り離す境界線を引く
4. **自主性**：柔軟性を持ちながらも、自分がすべてを管理している感覚を持つ
5. **エゴの融合**：自分のエゴを抑え、グループ全員と協調する
6. **全員が同等**：すべての参加者が同等な役割を担う
7. **適度な親密さ**：馴れあいにならない程度の親密さを持ち、文化を共有する
8. **気楽なコミュニケーション**：インフォーマルな会話を大切にする
9. **先へ先への推進力**：意見を共有し、即興的に対応しながら前に進める
10. **失敗のリスクを共有**：失敗へのリスクや恐怖感を推進力として利用する

出典：ミハイ・チクセントミハイ『フロー体験 喜びの現象学』

「無我夢中」をつくりだす5つの条件

　フロー体験は、必ずしも刹那的なポジティブ感情を伴うわけではない。むしろ、困難ではあるが価値のある目標を達成しようとする過程で、身体と精神を限界まで働かせた時に生じる現象のことであり、没入するには右ページの図にある5つの条件を同時に満たすことが重要であることがわかった。

　これらの条件が揃うと、自分自身の心理的エネルギーがよどみなく100％発揮される状態になり、幸せと成長を最大限に両立させることが可能になる。逆に言うと、①活動目標が明確ではない ②課題とスキルのバランスが悪い ③活動に集中できる環境がない ④外部からの干渉が多い ⑤成果へのフィードバックがないような状態では、メンバーは仕事に集中できず、生産性を下げ、成長を阻害する原因になってしまう。

　5つの条件の中で特に重要なのは、課題の難易度の適切さをあらわす「フローチャンネル」の考え方である。例えば、ドラクエでは、はじめに雑魚キャラのスライムが出てきて、倒すとすぐにレベルアップする。すると少しだけ強いドラキーも登場し、目標がいい感じに困難になっていく。スライム一匹でのレベルアップが続いたらすぐに飽きるだろうし、はじめからボスキャラのゾーマが出てきたらすべての人がゲームをやめてしまうだろう。仕事もこれと同じなのだ。同一の仕事を長く担当すると、本人のスキルも上がるため、課題のレベルを高めないとフローに入れない。やる気のある状態とない状態で、ゲームの生産性にどれほど差があるものか。誰もが想像つくだろう。これを仕事にも応用することだ。上司が部下を育成する場合、次のふたつのポイントが重要になる。

・ベイビー・ステップを用意する

　業務経験が長いほど、はじめのころの苦労を想像できなくなる。自分では簡単だと思うことが、新たにその仕事をする人には難易度が高すぎてし

フロー体験を生む「5つの条件」

①活動の目標が明確であること

自分が成し遂げたい目標を明確に持っていること。そのためには役割が明確であることも重要だ。ただし、フローは目標達成の過程における体験であり、目標を達成したことで得られるものではない。目標を持ちながらも、達成よりもプロセス。今、この瞬間を意識することが大切だ。

②機会と能力のバランスが良く、適切な難易度であること

一瞬ごとに最適な難易度の課題を持つこと。無我夢中の感覚は、退屈と不安の境界、その人の能力水準に相応しい課題にチャレンジしている時に生まれる。

③目の前の課題に集中できる環境であること

課題に取り組むこと以外に外乱がないこと。他のことに意識が発散せず、心理的エネルギーを集中できる環境に身をおくことだ。

④対象への自己統制感があること

取り組む課題に対して、自分が完全にコントロールできているという感覚を感じていること。上司の過干渉、マイクロ・マネジメントがあると、フローに入れず、生産性も低下してしまう。

⑤成果に対する迅速なフィードバックがあること

課題が完了したら、すぐさま、フィードバックがあることも大切な要素だ。チャレンジの結果を確認し、さらなる自己成長に向かう時、人はフローに入るのだ。フィードバックは、結果よりもプロセスに対して行うことが望ましい。視点がプロセスに移り、学習意欲を高める効果があるからだ。

まう。最初の一歩でスライムのような課題、ベイビー・ステップを用意できるのは、すこしだけ経験の多い先輩である。新入社員と同じ部署の先輩社員をメンターとする「ブラザー・シスター制度」はこの点で有意義である。

・ティーチングとコーチング

　フロー体験に入るためには、適切な課題（WHAT）は提示するが、その実現方法（HOW）に関しては過干渉をせず、成果に対する適切なフィードバックで成長を促すことが大切だ。ただし、これも本人の熟達レベルと課題の難易度によって変わってくる。図のように「技術を教えるティーチング」と「問いによって本人から答えを引き出すコーチング」を組み合わせることで、部下の学びは加速するだろう。

　この考え方は、活性化が難しい「オンライン・コミュニティ」にも応用できる。「投稿したのに返答がない。一生懸命なのは自分だけだ」と決め

フローチャンネル（適切な課題レベル）を意識する

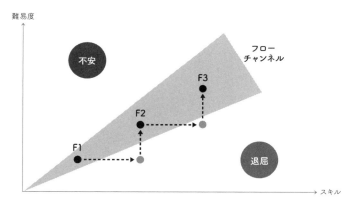

自分のスキルに対して適度に難しく、細切れに連続した課題を設定する

出典：ミハイ・チクセントミハイ『フロー体験 喜びの現象学』

つける前に、①～④のように思考の負担を下げるベイビー・ステップではじめて、すこしずつエンゲージメントを高めていくこと。この工夫によって、大きな変化を体感することができるだろう。

① 心を動かす：投稿したことの背景にある意味や努力のストーリーを伝える

② 読む時間を最小にする：文章をシンプルで読みやすく。絵や図表で表現する

③ 書く時間を最小にする：選択肢を用意する。自由回答では具体例を添える

④ 返答期間を限定する：①～③ 実施の上で期間限定し、今行動することを促す

フローを意識することで、仕事は辛いことではなく、楽しさや充実感を感じるものになる。この考え方こそ、個人の幸せと組織の生産性を両立させる「幸せ視点の経営」の鍵となるものである。

ティーチングとコーチングの違い

「コーチング」
傾聴・質問・共創
相手が持つ答えを引き出す

相手が考えることで
想定していない「答え」を
引き出せる可能性がある。
相手の自主性も芽生える。

ティーチング：答えを教える

コーチング：答えを引き出す

部下・生徒　上司・先生

「ティーチング」
指導・指示・命令
私が持つ答えを教える

問題は早く解決されるが、
相手は受動的になり「答え」が
与えられるのを持つようになる。
（指示待ち）

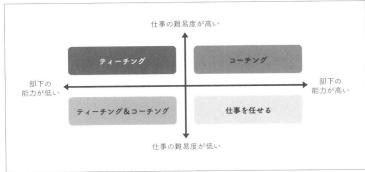

仕事の難易度が高い

ティーチング　　　　コーチング

部下の
能力が低い　　　　　　　　　　　　　　部下の
能力が高い

ティーチング＆コーチング　　仕事を任せる

仕事の難易度が低い

出典：田口智博 医学書院「コーチングで、力を最大限に発揮するサポートを」

04 三枚目のカード「関係性」を育もう

人間関係は、やる気に直結する

　やる気は個人の中で閉じているものではない。人間は他者との関わりの中で喜びを感じる生き物だからだ。例えば、あなたが自由な環境で、自らの強みを発揮し、その仕上がりに満足を感じたとする。しかしその時、あなたがチーム内で孤立した状態だとしたらどうだろう。その成果がいかに素晴らしくとも、他のメンバーが評価も歓迎もしなかったら、あなたはやる気を維持できるだろうか。これが、やる気のスリーカードに「関係性」が入る理由なのだ。ここでいう関係性とは「人を思いやり、人から思いやりを受けたい」「人を愛し、人から愛されたい」と願う心理的欲求のことである。第3章では主に「場の関係性」に焦点をあてたが、この章では「行動の質」に直結する「対人の関係性」に力点をおき、深く考えていきたい。

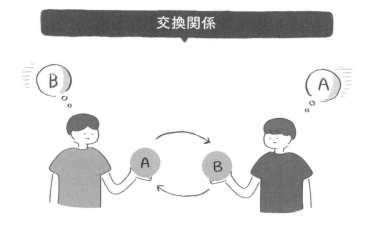

ビジネスのように「見返り」を求める関係。
自分や他人の幸せよりも、見返りが適切かどうかを
優先するため、助けあいが発生しにくい。

クラークとミルズは対人関係を「交換関係」と「共有関係」に分類した。交換関係とは、ビジネスの関係のように「見返りを期待しあう関係性」を指す。共有関係とは、家族や友人のように「見返りを期待せず、与えあう関係性」のことで、自他の境界線へのこだわりがなく「お互い様」と言いあえる関係である。前者は「市場規範」に基づく関係で、後者は「社会規範」に基づく関係ともいえる。

「交換関係」においては「見返りが適切かどうか」という市場規範が最優先される。そのため、自分が幸せか、人がどう感じるか、長期的な影響はどうかといった視点は軽視されることが多い。「交換関係」が浸透した組織においては、お金に換算できない行為、例えば思いやりや助けあいが発生しにくく、内発的動機も生まれにくい。自然と賞罰に頼るようになり、さらに価値観が物質化していく。内なる動機は、自立した人間がお互いに支え、支えられている場で生まれてくる。「共有関係」こそ、自然なやる気を生み出す関係性といえるのだ。

共有関係

家族のような「与えあう」関係。
自他をわけず、お互いに支えあう意識を持つため、
自然と内なる動機ややる気が生まれやすい。

与えよ、さらば与えられん

「信用するのではなく、信頼するのだ。信頼とは、裏付けも担保もなく相手を信じることである」。心理学者アルフレッド・アドラーの言葉である。しかし、なぜか現代人にはこの言葉が空虚に響いてしまう。お人好しになって損をしたくない。苦労して得た知識を無償で提供したくない。提供した価値と対等な見返りを求めたい。工業社会に育った私たちには、無意識の中に「交換関係」が忍び込んでいるのだろう。しかしながら、経営学における最新の研究が、このような考え方に疑問符を投げかけている。第4章にもある通り、アダム・グラントの大規模な調査によって、ギブ・アンド・テイクのバランスをとる「マッチャー」や、与える以上に受け取る「テイカー」よりも「主体性を持つギバー」のほうが成功する確率が高いことが検証されたからだ。主体的に行動を選択し、他者と助けあう関係性は、精神的な満足感や充実感のみならず、物質的な価値をもたらす可能性が高いのだ。

例えば、チームで考えてみよう。チームには必ずといっていいほど問題があり、困っている人がいるものだ。あなたは、そういう人にどう接するだろうか。「自分の役割を超えて、他者に関与する」ことをどう考えるだろうか。「仕事が増えるようなことはせず、様子を見る」のが賢明に見えるかもしれない。「助ける代わりに何かを求める」選択もあるだろう。そんな時、主体性を持つギバーは、自分の役割を超えて他者に興味を持ち、能動的に関与する。困っている人の話を傾聴し、その人自らが解決策を考えることに貢献する。人手が足りなければ助け、自分が忙しくても他のメンバーを巻き込んで問題を解決する支援をする。さらには、積極的にアンテナを張り、小さなうちに問題を発見し、先手を打って解決行動をする人もいる。そのような主体性を持つギバーは、人に感謝され、尊敬されるだろう。リーダーからも信頼されるだろう。誰もが「その人のチカラになりたい」と強く思うだろう。長い目で見て、主体性を持つギバーが成功する確率が高いのは、ある意味、当たり前の現象なのだ。しかし、より本質的なのは、物質的な

価値よりも、精神的な価値だろう。ポジィティブ心理学を創設したマーティン・セリグマンは「すべてのエクササイズの中で、最も確実に一時的な幸福感を高める方法は、他人に親切にすることだ」と述べ、他者への貢献こそが幸福感を得る近道であるとした。親切な行為によって幸せを感じるのは、脳内でオキシトシンが分泌されるからだ。オキシトシンは「愛情ホルモン」「信頼ホルモン」とも呼ばれ、心地よい多幸感を長い期間にわたってもたらす神経伝達物質である。主体性を持つギバーは、自発的な貢献行動を通じて、自らの幸せを感じているのだ。

対人関係だけではない。大きな組織においても「信頼関係がもたらす価値」の研究が進んでいる。そのきっかけとなったのは政治学者ロバート・パットナムによる「イタリアの南北格差問題」の分析調査だ。「見返りを求めない信頼関係」が見えざる資本、ソーシャルキャピタルとなり、地域や組織に価値を生むことを発見した。見返りを求めない善意は巡り巡って自らにも恵みをもたらす。タイムラグがあるがゆえに気づきにくい真実だ。

用語 解説

イタリアの南北格差問題

1861年に統一国家が誕生して以来、イタリアは南北問題を抱えており、現在も一人当たりのGDP比で2倍近い格差がある。政治学者ロバート・パットナムはこの問題の原因を探るために、州制度改革の発達をつぶさに追った結果、州政府の対応に歴然たる差があることに気がついた。北部的確なサービスに対して、南部では怠惰な働き方が際立っていたのだ。

積極性に欠く南部の風土はどこから生まれたのか。調査を進めると、長年の政治的脆弱さゆえに権力基盤を固めた、マフィアに代表される非公式集団の影響にいきついた。コネで就職が決まり、陳情や個人的な関係で意思決定がひっくり返る社会。住民は有力者に依存し、積極的に社会に参加せず、信頼を欠いた文化が根づいてゆく。一方で北部では、活動的で公共心が豊かな市民が、信頼と協調に富む社会構造を築いていた。この「ソーシャル・キャピタル」の違いこそ、大きな経済格差の原因である。それがパットナムの出した結論だった。

傾聴から、新しい信頼関係をはじめる

　僕たちは知識社会に生きている。相互依存的に人々が深くかかわり、持続して価値を生むために、ビジネスで求められる人間関係も「交換関係」から「共有関係」に変わってきた。そのために、コミュニケーションの概念にもパラダイムシフトが起きている。

　これまで、経営学において「コミュニケーション」を冠したテーマで語られる時、圧倒的に「伝え方に関する技術」が多かった。例えば、ハーバード・ビジネス・レビュー「コミュニケーションの教科書」（2018年版）を例にとってみよう。この書籍は「よいコミュニケーションを実現するための名著論文集」だが、含まれる論文タイトルは「話し方の力」「ビジネス説得術」「沈黙が組織を殺す」「嘘偽りのないスピーチの秘訣」「ストーリーテリングの力」「共鳴の演出法」「明確なメッセージが人と組織を動かす」「ストレス・コミュニケーションの対処法」「説得の心理学」であり、ほぼすべてが「いかに伝えるか」「いかに説得するか」についての技法研究である。ビジネス界が「コミュニケーション」をいかに捉えているかを端的に知ることのできる事例だろう。

　この傾向は、実際のビジネスの現場でも明らかである。例えば、上司と部下の1on1面談において、上司は1on1を「伝える場」として捉えがちで、上司の発言が70〜80％を占めるケースが多い。原因のひとつは、前述した「責任感の罠」であるが、もうひとつの理由は「立場の非対称性」にある。1on1の場は、リーダーにとっては「何でも言える安全な場」であるが、メンバーにとっては「発言を誤ると評価に影響を与えかねない危険な場」なのである。本来、コミュニケーションとは、社会生活を営む人間が、互いに意思や感情、思考を伝達しあうことのはずだ。ビジネスにおいても、これからは双方向性がキーとなる。組織を変えたいと熱望するリーダーにとって、より大切なのは「話す技術」ではなく「聞く技術」といえるだろう。
　右ページの表のように、人の話を聞くことには「4つのレベル」がある。

「聞き流す」は、あいづちはうつが、話の中身はまったく耳に入っていない聞き方。不信を生み出す元凶となる。「選択的に聞く」は、反論を考えながら、相手の話を聞く状態。対立を予測した聞き方で、ビジネスでは一般的だ。「熱心に聞く」は、神経を集中して、相手が話すことを聞く姿勢。最後の「傾聴する」は、相手の立場になりきって、深く共感しながら耳を傾けること。

　この「傾聴」こそが、両者の心に橋をわたす姿勢であり、コロンブスの卵のような技術なのだ。「士は己を知る者のために死す」という故事がある。それだけ、人間は「自分のことを理解してもらいたい」と熱望する生き物。「傾聴する」は、信頼関係を構築し、問題を解決するための鍵となる第一歩なのである。

人の話を聞く「4つのレベル」

聞き流す

とりあえず、聞くフリをする

▼

選択的に聞く

相手の会話を、自分の目線で解釈し、評価しながら聞く

▼

熱心に聞く

相手の問題は何かを、理解しようと努力する

▼

傾聴する

相手目線で世界がどう見えているのか、感情移入して聞く

伝える・聴く・問う・共創する

　人間関係に波風はつきものだ。特にビジネスの現場では、さまざまな対立やすれ違いが日常的に発生する。条件の対立、認知の対立、感情の対立。これらの困難を乗り越えて、対人関係を円滑にし、組織内の信頼関係を醸成するためには、メンバーが「コミュニケーションの技術」を学ぶことが、極めて重要である。

　ここでは、実践的なコミュニケーションのメソッドを、明日からすぐ使えるように「伝える・聴く・問う・共創する」というプロセスで、シンプルにまとめておきたい。このメソッドは、心理学者のトマス・ゴードンが開発した「ゴードン・メソッド」を核として「コーチング」や「ハーバード流交渉術」のエッセンスを取り入れたものだ。章の主題にそって、上司と指示待ちの部下の1on1会議をサンプルに考えていきたい。

用語　解説

トマス・ゴードン

トマス・ゴードン（1918–2002）は、米国の心理学者である。シカゴ大学で教鞭をとった後、1963年に、親子のコミュニケーション訓練プログラム「親業」（Parent Effectiveness Training）を開発、カリフォルニア州心理学会会長となる。以来、独自のメソッドをベースに、多様な訓練プログラムを開発。親、教師、指導者、女性、若者、営業担当者らに対して、コミュニケーションスキルと紛争解決方法を教える先駆者として知られている。

ケース設定：1on1会議

会議の相手： 仕事に対して、指示待ちの姿勢が感じられる部下

上司の理想： メンバー全員が、自ら考え、自走するようなチームにしたい

上司の思い： 部下に「自ら考え、行動してほしい」と伝えたい

・伝える技術

　自分が上司として感じている問題点を伝えるところからはじめる。ポイントは「あなたメッセージ」ではなく「わたしメッセージ」で伝えることだ。相手の行動を変えたいと思っている場合、どうしても相手を主語にして行動を非難したくなるが、その言葉が問題を解決から遠ざけてしまう。なぜなら、相手には相手の事情があり、それを無視した指摘は、相手の不安感を刺激して、心を閉ざしてしまう原因となるからだ。

　私の気持ちや悩みを「WHY」とともに伝えること。また「怒り」は二次感情であり、その前にあった素直な気持ちを相手に伝えることが大切だ。

伝える（わたしメッセージで、WHYとともに一次感情を伝える）

×「君にはもっと積極的に行動してほしいんだ」

△「積極的なチームづくりがうまくいかず、困っているんだ」

○「みんなが自発的に動いて助けあうチームにしたいんだ。仕事が楽しくなるし、成長できる。でも、実際にはなかなかうまくいかなくて、悩んでるんだよね」

・聴く技術

　自分の気持ちを伝えたら、想像力を働かせて、相手の言葉に耳を傾けよう。この時、自分の表情には特に気をつけよう。怖い顔、厳しい顔、疑っている顔を前にして、緊張せずに話せる人はいないからだ。相手をひとり

の人間としてリスペクトすれば、表情は自ずと優しくなるはずだ。部下は「自分の話がどう受け取られているか」を、あなたの表情やしぐさから読み取っている。評価しているのか。反論を考えているのか。本気で話を聴こうとしているのか。あなたの心の中は、目の輝きやあいづちを通じて、透けるように相手に伝わっていく。あなたの傾聴の姿勢が伝わると、部下の警戒心は次第に解けはじめ、話の内容がオープンになってゆく。あなたにもそれはすぐに伝わる。あなたの表情に安心感が浮かび、それがリアルタイムに相手に伝わる。このようなフィードバックを経て、相互の信頼関係、ラポールが形成されてゆくのだ。ひとつ注意したいのは、大切なのは「共感しながら傾聴する」ことであり、相手の意見をそのまま受け入れる「同調」とは異なるということだ。同調してしまうと第三案は生まれないし、相手の気持ちが増幅し、愚痴大会になりやすい。大切なのは、相手が話している時には、評価もせず、反論も考えず、相手の立場になりきって傾聴し、相手の立場や気持ちを理解することが重要なのだ。

> **聴く**（想像力をフルに働かせて、相手の気持ちに共感する）
>
> × **相手の会話を、自分の目線で解釈し、評価しながら聴く**
>
> △ **相手の問題は何かを、理解しようと努力しながら聴く**
>
> ○ **相手目線で世界がどう見えているのか、感情移入して聴く**

・問う技術

「わたしメッセージ」と「傾聴」を重ねていくと、双方の不安が解消され、相手の言葉を受容するための心のレセプターが開いてゆく。その段階になったら、問いの技術を使おう。相手の心の中にある解決策を引き出すための問いを投げかけるのだ。問いには、YES/NOで答えられるクローズド・クエスチョンと、相手が自由に考えて答えられるオープン・クエスチョンがあるが、後者が望ましい。

　ただし、オープン・クエスチョンの中でも"WHY"で尋ねる問いは「なぜできなかったんだ」「なぜそうなんだ」と相手に責任を迫る質問になりがちなので気をつけたい。"WHAT"や"HOW"を用いて「何が変わるとよくなるだろう」「どうすればもっとよくなるだろう」といった問いで、相手の意見を広げていこう。

> **問う**（オープン・クエスチョン、特にWHATやHOWを用いて、相手の意見を引き出す）
>
> ×「もっと自分で考えて動けないかな？」
>
> △「なぜ、自分で考えて、動けないんだろう？」
>
> ○「どうすれば、みんなが自分から動きたいと思うようになるだろう？」
>
> 　「みんなが自律的に動くのに、障害になっているものはなんだろう？」

・共創する技術

　お互いが抱えている問題を理解できた。解決策のタネも出てきた。最後に、解決を共創する技術を使おう。ここで大切なことは、人と問題を切り離すこと。場に出た双方の問題を、一緒に知恵を働かせて解決するのだ。上司から部下に共創のスタンスが伝わると、相互の信頼関係はぐっと深まるはずだ。二人の間に「話せば解決できる」という新しい関係性が構築されるからだ。チームを支える柱ともなるだろう。問題は学習のチャンスであり、それを乗り越えた時、見えざる資本は積み重なっていくのだ。

> **共創する**（人と問題を切り離し、解決策を共創する）
>
> ×　自分が考えた解決策を伝える
>
> △　議論して、どちらかの案に決める
>
> ○　人と問題を切り離し、ともに満足できる第三案を一緒に考える

05　動機づけの落とし穴

① ポジティブの罠〜「褒めることが大切」という誤解

　この節では、動機づけにおける落とし穴を考えていこう。場の心理的安全性を高め、内発的な動機を刺激するためには「否定をせずに褒めること」が重要とされることが多いが、いくつか注意点があるので、ここで列挙しておきたい。

　まず「否定せず」という姿勢は、ポジティブな雰囲気をつくる上ではとても大切だが、いくつか注意が必要だ。特に否定しない姿勢が大切なのは、ブレーンストーミングのルールで有名になったように「アイデアを発散する局面」においてである。フィードバックの場面では、相手の成長を思い、自分の意見を率直に伝えることは大切なことだ。「あなたメッセージ」ではなく「わたしメッセージ」で伝えると、相手は不安なく、あなたの意見を受け入れやすくなる。

　では、相手に肯定感を伝えたい時にはどうすればいいのだろうか。それは「褒める」かわりに、人間として「横の関係（対等な関係）」を前提とした「感謝」と「敬意」そして「勇気づけ」の言葉を伝えることだ。相手を褒めて、意図的に「自己肯定感」を高めるのではなく、相手を勇気づけることで、素の自分を受け入れる「自己受容」を促すことが重要だ。勇気とは困難を乗りこえて、成長し続けるためのエネルギーだ。結果を評価するのではなく、行動を応援するのだ。

　また、ポジティブなフィードバックによって具体的な成長を促すためには、①結果ではなくプロセスを対象としてポジティブな点を言語化すること、②そのプロセスがどのような成果につながったかを伝えること、③未来の問いを投げかけて次の課題を引き出す、ことが大切だ。コーチングの技

術が大いに参考になるだろう。

　なお、ポジティブ心理学の分野で注目されていた「ロサダ・ライン──ポジティブ対ネガティブの最適な比率は３：１であるとする理論」は、その後の研究によって数学的根拠が否定されている。ただし、そこにいたる研究自体は有意義で、貴重な示唆を含んでいることは付記しておきたい。

動機づけの落とし穴　その1

・落とし穴：否定せずに褒める。それが伸びるコツ。でもやる気が続かない

・解決策：感謝・敬意・勇気づけ。成長を促すフィードバックの技術を学ぶ

落とし穴①「褒めることが大切」

褒めると伸びるけど　　　　　　　　　やる気は続かない

解決策

感謝・敬意・勇気づけ。

成長を促すフィードバックの技術を学ぶ。

② トンネル・ビジョン現象
～「私は孤立している」という誤解

「トンネル・ビジョン（心理的視野狭窄）」とは、不安や不満などのストレスを抱えた時に、視野が狭くなり、中心部分しか見えなくなってしまう現象をいう。この現象は、ストレス処理に心理的エネルギーが使われるために、脳が周辺情報の取り込みを制限することで起こるとされている。

　内発的動機づけとは、自律性を促す環境を整える施策である。したがって、賞罰のように直接行動を制御できないために、メンバーの積極性には濃淡が生じることになる。動いてくれる人もいれば、すぐには動いてくれない人もいるということだ。トンネル・ビジョンに陥ると、この当たり前の現実を受容できずに「思い通りに動いてくれない人」に意識が集中してしまう。そして、リーダーとしての孤立感や無力感に襲われてしまうのだ。完全主義や形式主義、秩序を重んじる生真面目なタイプが、特にこの落とし穴に陥りやすい。

　例えば、10人のチームの中に消極的なメンバーが3人いるとしよう。すると「なんで、あの3人は動いてくれないのか」という意識が心の大部分を占めるようになってしまう。しかし本来、内発性を促す施策は手続きとは異なり、簡単にうまくいくものではない。試行錯誤して、学習するものである。積極的に動いてくれる人がいること自体がありがたいことで、7人に感謝すべき状態といえる。それに、3人が動かないように見えるのも、それぞれ個別に理由があるのだ。しかし、そこに思いをはせる余裕がなくなってしまい、3人に対する不安が増幅し、思考が性悪説に傾いていく。イライラが募り、人間関係も対立的になってゆく。最後には「バーンアウト」と呼ばれる燃え尽き状態になってしまうケースすらある。

　大切なことは、全員を同時に変えようとしないことだ。ひとりずつ、環境が異なることを思い出す。そして、積極性にかかわらず、一期一会の気

持ちで、丁寧にコミュニケーションを重ねてゆく。感度の高い人からはじめて、決して壁をつくらず、焦らずに、対話と学習をしながら時を待つ。やがて様子を見ていた人たちが賛同し、望ましい潮流ができるだろう。それまで、確固たる信念を心に持ち、すこしずつ現実をよくしていくのだ。

動機づけの落とし穴　その2

- 落とし穴：内発的動機づけは難しい。焦るのは私だけ。組織で孤立していく
- 解決策：一気にすべては変わらない。壁をつくらず、ひとりずつ対話していく

落とし穴②「私は孤立している」

私の1人歩きだ…

内発的動機づけは難しい。
焦るのは私だけ。
組織で孤立していく。

解決策

一気にすべては変わらない。

壁をつくらず、ひとりずつ対話していく。

③ 指示待ちの部下〜「あの人は自ら動かない」という誤解

　指示をしないと動いてくれない人がいる。この場合、まず重要なことは、安易に「動かない人」というレッテルを貼らないことだ。指示待ちに見える人には、それぞれ個別の理由がある。そして、人は自らを変えることができる。そう信じて、1on1のコミュニケーションにより、相互理解からはじめることだ。指示待ちの状況が生まれる典型的なパターンは、次の4通りである。

1 能力や知識の不足：専門能力や知識の不足により業務を完結できない
2 仕事観の違い：仕事は与えられるものという仕事観を持つ
3 エンゲージメントの喪失：組織や仕事への愛着が薄れている
4 リーダー側の抱え込み：この場合は、メンバーの問題ではない

　1は、本人の持つ能力に対して、仕事の難易度が高過ぎるケースだ。それをわからずに指示するという意味では、優秀なリーダーが陥りやすい落とし穴でもある。この場合は、課題のレベルを下げることだ。難易度を最適化し、ティーチングにより本人の成長を促すこと。成果が出たら適切なフィードバックを行い、難易度を高めた次なる課題を共有する。意図的に本人をフロー体験に導き、成長や貢献の喜びを味わってもらうことだ。

　2は、指示されたことをこなすのが仕事であるという固定観念を持つケースだ。成人発達理論（詳しくは238ページ）における「環境順応型知性」にあたる。この場合、コミュニケーションによって、その固定観念が生まれた背景を傾聴することからはじめたい。そして、自律的な組織を目指していることを伝え、そのために必要な役割や目標を話しあう。その上で、1と同じプロセスで、意図的なフロー体験に導いてゆく。この時、依存心を断つために、心は寄り添いながらも、突き放す感覚を持つこと。不安だからといって、過剰に干渉しないこと。自ら考え、行動するとはどういうことかを学び、その楽しさを体験できる環境をつくるのだ。

　3は、なんらかの理由で組織や仕事との心のつながりを失っているケースだ。本来は自律して動く能力を持つ社員に多い。この場合もコミュニケーションが鍵を握る。特に傾聴が大切になるだろう。相手の立場になりきって、その人の抱えている葛藤や悩みを理解しようと真摯に努力する。その人に同調するのではなく、その人の理解者になることから始めるのだ。この時、その人が「一番心を割き、努力していること」を発見し、言葉にして伝えられると、信頼関係が芽吹いてくる。その人は「あなたは私のことをわかってくれる稀有の人だ」という印象を持つだろう。その上で、ふたりで解決できることはないかを考える。内向きの話に終始すると、迷宮に入り、愚痴大会になってしまうので注意したい。相互理解が得られたら、問いかけによって、意識をソトに転換する。その人の強みや価値の創出に意識を向けていくのだ。第4章でふれた「ジョブ・クラフティング」の考え方も参考になるだろう。

　4は、部下の問題というより、上司の問題である。抱え込みは、仕事ができる優秀な人に多く見られる。自分で対応した方が早いからだ。しかし、それをしているうちは組織として機能しない。このケースでは、自分自身に仕事の抱え込みやマイクロ・マネジメントがなかったかを顧みて、その行動を変えることだ。部下を信頼し、役割を明確にし、ひとつの単位としての仕事を任せること。言葉をはさみたくなったら、答えを伝えるよりも、問いかけによって気づきを促すことだ。多くの場合、これだけで部下が生き生きと動き始める。きっと「組織とは、こういうことだったのか」と驚くことになるだろう。

動機づけの落とし穴　その3

・落とし穴：指示待ちの人がいるとイライラする、自分でやった方が早い

・解決策：対話が大切。その前に自分が仕事を抱え込んでいないか、振り返る

「成人発達理論」とは

　知性には3つの段階があるとした「成人発達理論」を唱えたのは、組織心理学者のロバート・キーガンである。彼は30年以上にわたる調査研究により、人間の知性発達には段階があり、そのプロセスは高齢になるまで続くことを発見した。ここでいう知性とは「勉強ができる」「難しい本が読める」「地頭がいい」といったことではなく、「現実の世界をどう認識するか」という視点の違いを指している。

　この学説は「人間の知性は20歳前後で成長が止まる」という旧来の常識を覆すもので、発表した1980年代には脳科学者を中心に反論が相次いだ。しかし近年では「脳の可塑性」も発見されており、心理学や脳科学において「脳の機能は鍛えれば高まる」ことが定説となっている。

　キーガンが発見したのは「環境順応型知性」「自己主導型知性」「自己変容型知性」という3つの発達段階である。この各段階において「世界をいかに理解するか、それに基づきいかに行動するか」が大きく異なることがわかったのだ。ここでは、言葉をわかりやすくするために、環境順応型知性を「忠実なプレーヤー」、自己主導型知性を「自立するリーダー」、自己変容型知性を「学習するリーダー」と呼ぶことにしたい。

　動機づけを考える上で、この3つのステップは重要な示唆を与えてくれる。例えば、指示待ちのメンバーは、発達段階でいえば「忠実なプレーヤー」であることが多く、「自立するリーダー」とは仕事の捉え方が異なっているため、本節で書いたように、より高度な動機づけの技術が必要になるということだ。

　また、キーガンは重要な問題提起をしている。それは、工業社会から知識社会への移行にともない、理想の人材像が変化していること。組織のあらゆる職階で、より高い次元の知性を身につける必要性に迫られている

ということだ。具体的には、工業社会では「自立するリーダー」が「忠実なプレーヤー」を統制するのが理想の組織だったが、知識社会においてはすべてのメンバーが「自立するリーダー」となり、それを「学習するリーダー」が支援する組織が求められているのだ。

「忠実なプレーヤー」が、自らの意志で「自立するリーダー」を目指す。
「自立するリーダー」が、自らの意志で「学習するリーダー」を目指す。

　知識社会においては、組織だけを変革すれば問題が解決するわけではない。むしろ、メンバー一人ひとりの知性発達が求められる。成人発達理論は、そんなメッセージを僕たちに投げかけているのだ。

大人の知性の3つの役割

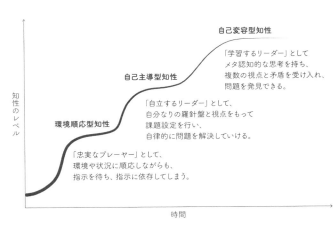

自己変容型知性

「学習するリーダー」として
メタ認知的な思考を持ち、
複数の視点と矛盾を受け入れ、
問題を発見できる。

自己主導型知性

「自立するリーダー」として、
自分なりの羅針盤と視点をもって
課題設定を行い、
自律的に問題を解決していける。

環境順応型知性

「忠実なプレーヤー」として、
環境や状況に順応しながらも、
指示を待ち、指示に依存してしまう。

知性のレベル

時間

アメとムチを捨て、好奇心を解き放とう

　この章では、成功循環モデルの3番目のステップ「行動の質」を高めるための実践的な知恵と技術を考えてきた。これは「自走する組織」の核心となるものである。ここで学びをまとめておこう。

　はじめに、ビジネスの世界で一般的に使われている賞罰の効果と課題について考えた。外発的な動機づけは単純なワークには効果的だが、さまざまな問題点があり、麻薬のように効き目が薄れていく。また、機械化や情報化によって人間が担う仕事が高度化したために、外発的動機づけはマイナスに働くケースが増えてきた。

　人間は、もともと内なる欲求から課題に取り組む性質を持っており、それ自体に喜びや充実感を感じて行動する生き物である。ただし、その内なる動機は、外部からコントロールしようとすると失われてしまう。また、自己決定という視点からみると、動機づけには6つの段階があり、それによって人の気持ちは「しなくちゃ」から「しよう」「したい」に変わっていく。

　「自分でやりたい（自律性）」「能力を発揮したい（有能感）」「人々といい関係を持ちたい（関係性）」という3つの心理的欲求が満たされると、人は動機づけられ、生産的になり、幸福を感じるようになる。しかしながら、ビジネスの場では、短期的な成果が求められるために、それらの欲求が抑圧されてしまうことが多い。例えば、失敗をした場合に「問題の真因を究明し、そこから学ぶ」という実り多き課題に取り組まず、アメとムチによって「失敗をしないように統制すれば解決する」と考えてしまう。ここに大きな問題がある。

「自律性」とは「自らの行動を、自分自身で選択したい」という気持ちのこと。「自己決定」の欲求ともいう。ただし、人間は「完全なる自由」を求めているわけではない。ある課題を解決するように求められた場合でも「実現方法に対する自由な裁量」が許されていれば、自律性を奪われた人間よりもその活動により熱心に取り組み、その活動自体を楽しむことがわかっている。

　職場には「自律性」を阻む罠がふたつある。ひとつは「組織の罠（機械的な分業がもたらす弊害）」であり、もうひとつは「責任感の罠（成果圧力がかかるほど管理的になる性質）」である。そのために組織は硬直化し、メンバーの自律性を奪ってゆく。これを避ける特効薬は「規律を最小化する」ことだ。定期的な「ゼロベース思考」に、問題発生時の「ダブルループ学習」を組み込み、複雑なルールには「透明のチカラ」の活用を考えることで、組織は常に最新の環境に適合したシンプルなシステムを維持し、メンバーの自律性を活かすことができる。

「有能感」とは「おかれた環境と効果的に関わり、有能でありたい」という心理的欲求である。有能感を感じて、仕事に夢中になっている状態を「フロー体験」という。自分自身の心理的エネルギーが、よどみなく100％発揮される状態だ。このフローを創り出す環境が、内発的動機を高めるためのキーとなる。

　具体的には「活動の目標が明確であること」「機会と能力のバランスが良く、課題が適切な難易度であること」「課題に取り組むこと以外に外乱がないこと」「対象への自己統制感があること」「成果に対する迅速なフィードバックがあること」の5つの条件が揃うとフローに入り、幸せと成長を両立させることが可能になる。特に最適な難易度の課題を設定するゾーン「フロー・チャンネル」を意識すると効果的だ。

「関係性」とは「人を思いやり、人から思いやりを受けたい」「人を愛し、

人から愛されたい」と願う心理的欲求である。人は「自分で考え、決定したい」という欲求を持ちながら、一方で「他者とも結びついていたい」と願っている。自律性と関係性を適切に共存させることが大切だ。

　近年の研究で、ギブ・アンド・テイクのバランスをとる「マッチャー」や、与える以上に受け取る「テイカー」よりも「主体性を持つギバー」のほうが、長期的な視点で成功する確率が高いことが実証された。大きな組織においても、見返りを求めない信頼関係が見えざる資本となり、地域や組織に価値を生み出すことがわかってきた。

　知識社会においては、コミュニケーションの概念にもパラダイムシフトが起きている。これまでビジネス界では「伝える」「説得する」ことに主眼がおかれていたが、これからは「傾聴」することがより重要になる。新しいコミュニケーションでは「伝える（わたしメッセージで、WHYとともに一次感情を伝える）」「聴く（想像力をフルに働かせて、相手の気持ちに共感する）」「問う（オープン・クエスチョン、特にWHATやHOWを用いて、相手の意見を引き出す）」「共創する（人と問題を切り離し、解決策を共創する）」の4つの技術が重要になる。

　内発的動機は、やる気のスリーカード「自律性」「有能感」「関係性」が満たされることで、心の奥から湧き上がってくるものだ。自らが選択したことで、自らの能力を活かして価値を生み、信頼しあう関係性が築かれていく。一人ひとりのメンバーの欲求を理解し、その欲求が解き放たれた時、人は多くを達成し、豊かな人生を送ることができる。結果として、組織は持続的に成果を得ることができるのだ。

　内発的動機を追求する時に、はまりやすい落とし穴がある。ひとつめは「否定せず、褒めることが大切」という誤解である。「褒める」より「感謝する」「勇気づける」こと。またポジティブ・フィードバックでは、プロセスを対象として、それがもたらす効果を言語化するとともに、未来の問い

かけで成長を促すことが重要だ。

　ふたつめに「私は孤立している」という誤解である。内発的動機づけでは、メンバーの積極性に濃淡が生じることは当たり前である。全員を同時に変えようと焦らず、一期一会の気持ちで丁寧にコミュニケーションを重ねることだ。

　3つめに「あの人は自ら動かない」という誤解である。指示待ちには原因がある。それを意識し、コミュニケーションと適切な難易度の課題を提示すること。上司自身の抱え込みやマイクロ・マネジメントが原因となっていることも多い。部下を信頼し、役割を明確にし、答えを伝えるよりも問いかけて内なる答えを引き出すコーチングが大切だ。

成功循環サイクルの「行動」の質を高める

関係

Good Cycle

結果

思考

行動

①関係の質　対話からはじめる。率直に話しあう場をつくり、信頼関係を築く

②思考の質　前向きな気持ちになり、いいアイデアが生まれる

③行動の質　一人ひとりが自律的に行動し、問題がおきたら助けあう

④結果の質　自然にパフォーマンスが高まり、成果がでる

⑤関係の質　組織への帰属意識が高まり、さらに結束が深まる

僕たちは、心のつながりを感じて仕事をしたい

　この章では、行動の質を高めるための「内発的動機づけ」にフォーカスし、3つの心理的欲求を高め、組織との「エンゲージメント」を築くための方法を考えてきた。これらは「自走する組織」が駆動するためのエンジンともいうべきものである。

　組織や職場との心のつながり、信頼関係を表す「従業員エンゲージメント」は、生産性と強い相関関係があることが実証されており、昨今のビジネス界で注目されるキーワードとなってきた。例えば、ベイン＆カンパニーとEIUの合同調査によると、満足度の低い社員の生産性を100とした場合、満足度の高い社員は1.4倍、エンゲージメントの高い社員は3倍を超える生産性を示している。満足度とは「働く環境に対する評価」であり、エンゲージメントと生産性で差がでるのは、コンフォートゾーンにいる社員も含むからだ。

　この「エンゲージメント」という言葉が広まったきっかけは、1990年代、ギャラップ社が行った大規模な調査（33ヶ国、190社、28.5万部署、316万人の社員を対象）だった。この調査は「社員がどう感じている時に組織の業績は上がるのか」を明らかにすることが目的であり、右ページに示した「12の質問」が組織の業績と強い相関性があることがわかったのだ。

　これらの質問に高い評価をする社員は生産性が高い組織に多く、低い評価をする社員は生産性の低い組織に多い。逆に、人事施策として多くの企業が実施していた給与や福利厚生の充実などに、業績との強い関連性は見られなかった。

組織の生産性を測る「12の質問」

1. 私は、仕事で何を期待されているかがわかっている

2. 私は、仕事を正確に進行するために必要な設備や資源を持っている

3. 私は、仕事をする上で、自分の最も得意とすることを行う機会が毎日ある

4. 最近、一週間でいい仕事をしたことを、褒められたり認められたりしている

5. 上司または職場の人間の誰かは、自分をひとりの人間として気遣ってくれる

6. 仕事上で、自分の成長を励ましてくれる人がいる

7. 仕事上で、自分の意見が考慮されているように思われる

8. 自分の会社の信念や目標は、自分の仕事を重要なものと感じさせてくれる

9. 自分の同僚は、質の高い仕事をすることに精通している

10. 仕事上で、最高の友人と呼べる人がいる

11. この半年の間に、職場の誰かが自分の進歩について話をしてくれた

12. 私はこの1年の間で、仕事上で学び、成長する機会を持っている

出典：Gallup「The Power of Gallup's Q12 Employee Engagement Survey」

　この12の質問は、上から順に、「期待の実感」(自分は何を期待されているか)、「貢献の実感」(自分が貢献しているという実感)、「帰属の実感」(自分が組織に帰属しているという実感)、「成長の実感」(自分が成長しているという実感)とまとめることができる。期待実感は「意味の共有」、貢献実感は「有能感」、帰属実感は「関係性」、成長実感は「自律性と有能感」と深く結びつくもので、それぞれが満たされた結果とも言えるだろう。この4つの実感がある社員は、職場とのエンゲージメントが深く、組織の生産性に大きく寄与するということだ。

　コロナ禍によって、多くの企業は「ハイブリッドワークの導入」を推進している。そのため、社員の行動をコントロールすることが困難になり、以前にも増してエンゲージメントの重要性が高まっている。Zoom会議の後、社員が仕事に熱中しているのか、副業をしているのか、それとも休んでいるのか。それを決めるのは「組織の統制力」ではなく「組織とのエンゲージメント」だということだ。

　ベイン&カンパニーの調査から、この急速な労働環境の変化によって、生産性を高める企業と落とす企業に二極化していることがわかった。エンゲージメントの高い企業では、社員が仕事に費やす時間が増加し、新たに優秀な人材を活用できるようになった。結果として、過去1年の間に生産性を5〜8%向上させたという。ただし、多くの企業では、生産性が3〜6%減少する結果となった。効率的なコラボレーションができておらず、無駄の多い働き方が続き、従業員エンゲージメントが低下したためだ。

　本来、ハイブリッドワークは、通勤や移動などの時間が削減されるなど、企業にとっても社員にとってもメリットは大きい。時間や場所にしばられず、社員が自ら行動する「自走する組織」を実現できた企業には、自走できる人材が集まり、生産性やイノベーションで大きな成果を生み出すだろう。僕たちの組織は、新しい時代に入ったのだ。

社員満足度およびエンゲージメントと生産性の関係

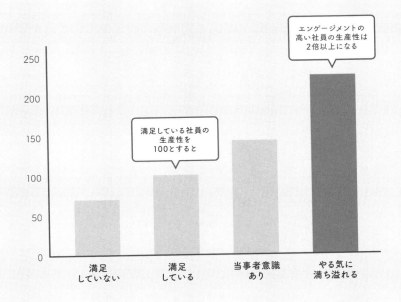

出典：ベイン＆カンパニー／ EIU合同調査（N=308）

たったひとりから、
影響の輪は広がる

〜 だから僕たちは、組織を変えていける

世界に変化を望むのなら、自らがその変化になれ。

ガンジーは、地域の名士の家庭に生まれた。幼いころは成績や素行が悪く、タバコを買うためにお金を盗んだこともあったという。

18歳で英国に留学し、南アフリカで弁護士となる。しかしある時、人種差別のために列車から追い出され、その経験をきっかけに公民権運動に身を投じるようになった。理不尽な暴力や投獄を経験しながらも、ついには国政をも動かす成果を上げる。その過程で「非暴力、不服従」が不動の信念となった。

46歳でインドに戻ると、自然な成り行きで、インド独立を志す政党に参加した。多くの議員が英国を批判する宣言文を発表する中で、ガンジーはその活動には加わらず、果てしなく続く広大な平原を歩き続け、農民の声に耳を傾けたのだ。

ごく一部の裕福な人間が、貧困な生活の儀式を決めている。10万人の英国人のために、3.5億人のインド人が飢えと極貧に苦しんでいる。そんな窮状を目にした彼は、変化を起こす運動を始めた。権力や暴力には決して屈しない。しかし憎しみの連鎖を生む暴動やテロも決して行わない。これは社会をよくするための運動であり、人々を罰するためではない。許すということは強さの証なのだ。

何ら政治的な立場がなかったにもかかわらず、ガンジーが歩くと、彼を尊敬する民が集まり、いたるところで運動が湧き上がった。新聞は「正直と竹の杖しか持たないのに、大英帝国と戦っている」と揶揄したが、その信念は奇跡のように人々を動かしてゆく。

そして1947年、ついにインドは独立した。その時、彼は78歳。宗教原理主義の若者に暗殺される五ヶ月前のことだ。死後、彼には金融資産も不動産もまったくなく、個人的に所有する持ち物すらほとんどなかったことが明らかにされた。

初めは少数の人から始まる。
時には、ただ一人で始められるものである。

ガンジーの言葉は、どこまでも重く、潔く響く。
組織は変えていける。自らが起点となる。戦うのではなく、仲間を増やしていく。
これがこの章のテーマであり「組織変革」の核心となるものである。

01　僕たちは、新しい組織を目指そう

３つのパラダイムから生まれた、３つの組織

　ガンジーは、広くインドの人たちの声に耳を傾け、帝国主義がインドの
農民を苦しめているさまを知り、人々がより幸せに暮らせる社会を目指し
た。自身が変わることからはじめ、不屈の意志を持ち続け、非暴力を守り
ながら、対話を通じて世界を変革に導いた。もしあなたが、組織をよりよ
くしたいのであれば、明日からその一歩を踏み出そう。自らが起点となり、
知識社会にふさわしい組織のイノベーションを起こしていこう。対立する
のではなく、共感する仲間を増やし、みんなで新しい組織を共創しよう。
そのために、僕たちが目指したい「組織ビジョン」と「組織学習モデル」に
ついて、今までの学びをここに集約しておこう。組織の変革には「明解な
ビジョン」が必要だ。僕たちはどんな組織を目指せばいいのだろうか。

知識社会の組織モデル

	学習する組織	共感する組織	自走する組織
パラダイムシフト	デジタルシフト	ソーシャルシフト	ライフシフト
幸せの視点	顧客の幸せ	社会の幸せ	社員の幸せ
学習のステージ	関係の質	思考の質	行動の質
核心的な技術	心理的安全性	パーパス・ドリブン	内発的動機づけ
リーダーシップ スタイル	サーバント リーダーシップ	オーセンティック リーダーシップ	シェアド リーダーシップ

　組織に新しい風を吹き込むためには、組織変革のモデルが必要だ。ダニエル・キムが提唱した「成功循環モデル」を基盤として、各章で考えた組織学習モデルを集約しよう。

① 関係の質：対話からはじめる。率直に話しあう場をつくり、信頼関係を築く

② 思考の質：前向きな気持ちになり、いいアイデアが生まれる

③ 行動の質：一人ひとりが自律的に行動し、問題がおきたら助けあう

④ 結果の質：自然にパフォーマンスが高まり、成果がでる

・関係の質〜心理的に安全な場をつくる

　コミュニケーションには「ディスカッション」と「ダイアローグ」がある。両者を組み合わせることで健全な第三案が生まれ、行動に直結する。関係の質を高める上で、特に重要なのは「心理的に安全な場をつくる」ことだ。リーダーは、自分自身が持つ、完璧主義、コントロール欲求、過度の所属欲求、犯人探しの本能が、場の安全を低下させていることを認識する。そ

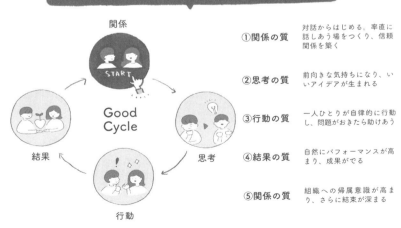

成功循環モデル

関係

START

Good Cycle

結果

思考

行動

① 関係の質　対話からはじめる。率直に話しあう場をつくり、信頼関係を築く

② 思考の質　前向きな気持ちになり、いいアイデアが生まれる

③ 行動の質　一人ひとりが自律的に行動し、問題がおきたら助けあう

④ 結果の質　自然にパフォーマンスが高まり、成果がでる

⑤ 関係の質　組織への帰属意識が高まり、さらに結束が深まる

の上で「強がりの仮面」をはずして「素の自分を見せる勇気」を持つ。すると、場に思いやりや助け合いが生まれてくる。

> **共感デザイン…信頼関係という土壌を創り「コンフォートゾーン」に入る**
> ① ホールネス：人の期待に応えるのではなく、自然体の自分にもどる
> ② 他者の尊重：他者を操作するのではなく、他者を人間として尊重する
> ③ 相互の理解：ビジネスライクな間柄ではなく、本音で話せる間柄になる
> **価値デザイン…集団的知性を発揮し価値共創する「ラーニングゾーン」に入る**
> ④ パーパスの共有：人間関係の維持から、価値の創造に意識を向ける
> ⑤ 第三案の共創：思い込みで対立せずに、建設的に第三案を共創する
> ⑥ 安心感の醸成：場の雰囲気に飲まれずに、場の安心感を育む

・思考の質〜仕事の意味を共有する

　人は意味で動く生き物である。リーダーは、情報と仕事を配るのではなく、意味と希望を伝えること。意味をどう伝えるか、どう受け取るかによって、本人の積極性は大いに変わる。

心理的に安全な場をつくる技術 〜共感デザイン・価値デザイン

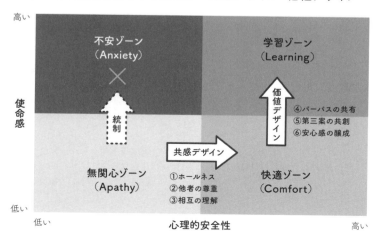

① 無動機づけ「したくない」：動機づけなし。ハラスメントに近い

② 外的調整「しかたない」：報酬と罰で動かす。単純作業には効くが持続しない

③ 取り入れ的調整「しなくちゃ」：言葉として意味を伝える。融通がきかない

④ 同一化的調整「すべき」：役割や価値を与える。楽しくないががんばろうとする

⑤ 統合的調整「しよう」：腹落ちするまで対話する。仕事に積極的になる

⑥ 内発的動機づけ「したい」：仕事の楽しさを体感してもらう。自律的になる

　仕事の意味には「社会にとっての存在意義」と「個人にとっての働く意味」がある。社会にとっての「仕事の意味」は「ミッション・ビジョン・バリュー」で構成され、ひとつのまとまりとして「自分たちは、何を信じるのか」という問いへの答えになる。組織の北極星は、予算や事業成果よりも上位に位置づけられているものである。個人にとって「仕事の意味」は「義務としてのジョブ」「出世の道具としてのキャリア」「使命感に基づくコーリング（天職）」がある。自分自身が「仕事をどう意味づけするか」という問題であり、どんな仕事でも「コーリング」になる可能性がある。

仕事の意味を共有する技術 〜社会における意味・個人における意味

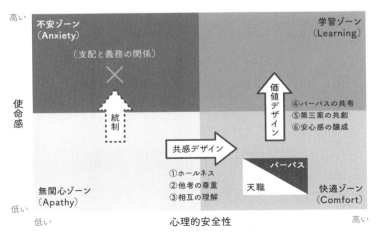

・行動の質～自走しながら共創する

　人間は、もとから内発的な欲求から課題に取り組む性質を持っており、それ自体に喜びや充実感を感じて行動する生き物である。「自律性・有能感・関係性」という3つの心理的欲求が満たされると、人は動機づけられ、生産的になり、幸福を感じるようになる。

①「しなくちゃ」を解き放ち、自律性をとりもどす

　ゼロベース思考、ダブルループ学習、透明のチカラで、規律を最小化し、シンプルにする

②「しよう・したい」の環境をつくり、有能感を満たす

　明確な目標、適切な難易度、環境整備、自己統制感、フィードバックでフロー体験を促す

③対話を通じて、信頼関係を育む

　顧客や同僚の幸せのために高い成果を目指す「主体性を持つギバー」を志向する

自走しながら共創する技術 ～自律性・有能感・関係性

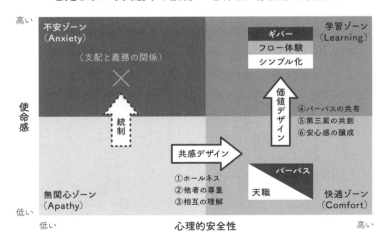

成功循環モデルのまわし方

関係の質

【共感デザイン】
ホールネス
他者の尊重
相互の理解

【価値デザイン】
パーパスの共有
第三案の共創
安心感の醸成

成功循環を支える、
新しいコミュニケーション技術

伝える：わたしメッセージで、WHYとともに一次感情を伝える
聴く：想像力をフルに働かせて、相手の気持ちに共感する
問う：オープン・クエスチョン。WHATやHOWで相手の意見を引き出す
共創する：人と問題を切り離し、解決策を共創する

行動の質
内発的動機を生み出す

① 「しなくちゃ」を解き放ち、
自律性をとりもどす

② 「しよう・したい」の環境をつくり、
有能感を満たす

③ 対話を通じて、信頼関係を育む

思考の質
意味の共有で積極性を変える

無動機づけ「したくない」
▼
外的調整「しかたない」
▼
取り入れ的調整「しなくちゃ」
▼
同一化的調整「すべき」
▼
統合的調整「しよう」
▼
内発的動機づけ「したい」

変革アクション① まず、あなたが一歩踏み出そう

　ガンジーは、他の国会議員が英国を批判する宣言文を発表する中で、広く農家をまわり、農民の声に耳を傾け続けた。その草の根活動が人々の心を動かし、30年後のインド独立へとつながってゆく。僕たちも、大きな組織からみれば、大河の一滴だ。しかし、その一滴が小川をつくり、やがて大河の流れを変えることもある。無理をせず、主体性を保ちながら、着実な一歩を踏み出すことだ。ここでは、スティーブン・コヴィーが提唱した「インサイド・アウト」と「関心の輪、影響の輪」の考え方を参考にして、組織変革のための具体的なアクションを考えていこう。

　「インサイド・アウト」とは、自らの内面（インサイド）を変えること。自分自身の根本的なパラダイム、人格、動機などを変えることからはじめるということだ。人の行動を変えようとする前に、自分自身に問いかけて

影響の輪を広げる7つのステップ

アクション① インサイド・アウトで変革する
アクション② 自己認識力を高める
アクション③ 影響の輪を意識する
アクション④ 小さな成功を育てていく
アクション⑤ 反対者の信頼を得る努力をする
アクション⑥ 困難から学び、成長する
アクション⑦ 共感をつなぎ、影響の輪を広げる

みよう。もし相手の立場だったら、あなたの声は相手の心に届くだろうか。どうすれば、あなたの話に耳を傾けてくれるようになるだろうか。コヴィーの一節から引用しよう。

「あなたが、もし幸せな結婚生活を送りたければ、積極的なエネルギーを生み出し、消極的なエネルギーを消し去る伴侶になることである。子どもが明るく協調性のある人間に育ってほしければ、子どもへの理解を深め、子どもの視点に立ち、一貫した愛を占める親になることだ。仕事でもっと自由な裁量がほしければ、より重い責任を引き受け、力を尽くし、貢献できる社員になることだ。（中略）（相手を変えようとする）アウトサイド・インのやり方の結果、私が見てきたのは、被害者意識に悩み、自由を束縛された不幸な人たちであり、自分のうまくいかない状況の責任を、周りの人や環境のせいにする人であった。不幸な結婚生活では、相手がまず変わることを要求し、相手の罪を言い立てて、相手を正そうとしている夫婦を見てきた。労使間の争いでは、信頼という土台があるかのように行動することを強要する法律を政府につくらせようと、莫大な時間とエネルギーが無駄に費やされるありさまを見てきた」

　自分の内面を見つめて、自らの意志で、自らの行動を変えていこう。自分はどうなりたいのか、今までの学びをもとに、自分の行動の基礎としたい価値観や原則を考えてみよう。その理想の姿に、自分自身を近づけていこう。言っていることではなく、やっていることがその人の正体なのだ。僕たちは、組織変革のコアに「インサイド・アウト」を位置づけるところからはじめよう。

変革アクション　その①

自身の内面を変えることからはじめる。
信念を醸成し、小さな一歩を踏み出す

変革アクション② 自分のことを正しく認識しよう

　あなたは、自分のことを正しく認識できているだろうか。近年、自己認識力「セルフ・アウェアネス」に注目が集まっている。オーセンティック・リーダーシップの提唱者、ビル・ジョージが、スタンフォードMBAの顧問委員会75名に「リーダーが伸ばすべき最大の能力は何か」と尋ねたところ、答えは「自己認識力」でほぼ一致したという。自己認識力は、自己改革の基礎であり、それなしではリーダーとしての成長が見込めないからだろう。

　しかし、自己を客観的に認識し、コントロールすることはとても難しい。組織心理学者ターシャ・ユーリックが約5000名を対象にした調査では、自己認識力が高いと判断された人は、わずか10〜15％程度だった。人は権力を持つほど自己への過信が高まり、自己認識力が低くなる傾向があることもわかっている。

　ここでいう「自己認識力」とは、自分の感情、長所、短所、欲求、衝動などを深く理解する能力である。自己認識力が高い人は、必要以上に深刻になることもなければ、楽観的になりすぎることもない。自分にも他者にも正直に振る舞い、率直に間違いを認め、笑顔で失敗談を披露できる。自分のことを建設的に批判してほしいと申し入れることもある。自分の能力を把握しているので、期限を守れないことはほとんどなく、厳しい時には、人に助けを求められる。自分が冒すべきリスクも計算できる。自己を認識できるからこそ、自己管理ができるということだ。

　この自己認識には「内面的自己認識」と「外面的自己認識」がある。前者は「自分の価値観や情熱、感情、長所や短所、他者への影響力などに関する認識」であり、後者は「他者が自分をどのように見ているかに関する認識」である。このふたつの自己認識は、混同しやすいが、似て異なるものである。また、ふたつの能力に相関関係はほとんどなく、表のように四象限で分類できることも明らかになっている。

自己認識の形は4つに分類できる

内面的自己認識（自分で自身をどれだけ把握しているか）と、
外面的自己認識（他者からの認識をどれだけ理解しているか）のマトリクス

外面的自己認識度が低い　　　　　外面的自己認識度が高い

内省者 自分が何者であるか、よくわかっている。だが、他者からの意見を取り入れることで、自分の見方を疑ってみる、あるいは盲点を探してみる、ということをしない。これにより、人間関係が損なわれたり、成功に限界が生じたりするおそれがある。	**認識者** 自分が何者であるか、何を成し遂げたいかを知っており、他者の意見も求め重視する。リーダーはここに至ると、自己認識の真の恩恵を十分に理解しはじめる。
探索者 自分が何者であるか、何を支持するのか、部下からどう見られているのか、まだわかっていない。その結果、自分のパフォーマンスや人間関係に行き詰まりや苛立ちを感じるかもしれない。	**八方美人** 他者にこう見られたいと意識するあまり、自分にとって重要なことを見過ごすおそれがある。そのうちに、自分の成功や充実につながらない選択を下しがちとなる。

内面的自己認識度が高い（左縦軸上）
内面的自己認識度が低い（左縦軸下）

出典：ハーバード・ビジネス・レビュー『セルフ・アウェアネス』

　自己認識力を身につけるには、内面と外面、双方を高める意識をすることだ。具体的には「愛ある批評家——Loving critic（その人のためを思って真実を伝えてくれる他者）」からの率直な意見を求めること。それをもとに、自分自身の内なる心と対話し、学びを取り入れる習慣をつけることだ。帝王学の教科書として著名な『貞観政要』は、名君、唐の太宗の言行を記録した書であるが、最も際立つのが、太宗が臣下の直言を喜んで受け入れ、常に最善の君主であろうと努力したところにある。太宗にとって、直言をする臣下は、まさに愛ある批評家だ。自分自身の立場や人間関係が犠牲になる恐れの中で、その人を思って真実を伝えてくれる他者は、かけがえのない、ありがたい存在なのだ。

　ひとつ注意すべきは「なぜ自分はこうなのか」という内省は、マイナス思考に陥りやすく、むしろ自己認識を下げ、仕事への満足度や幸福感も下げてしまうことだ。他者とのコミュニケーションと同様に、WHYではなく、WHATで「何が自分をそうさせるのか」と問いかけることだ。

　もうひとりの自分を意識し、客観的に自分自身を見る「メタ認知」のトレーニングとして、瞑想、セルフモニタリング、ライティングセラピーなどにチャレンジするのもよいだろう。セルフモニタリングとは、ふだん自分が無意識に行っている思考や行動に意識を向けるトレーニングであり、ライティングセラピーとは、自身の抱えている悩みや不安と言ったネガティブな気持ちを言葉にするトレーニングだ。いずれも「メタ認知」の能力を高めるだけでなく、精神の安定化にも効果があるとされている。

> **変革アクション　その②**
> ## 自己を変革する。そのために愛ある批評家の声を聴き「自己認識力」を高める

ソロモン王のパラドックス

ソロモン王は賢人と呼ばれ、どんな問題やトラブルも解決してしまう人だった。しかし、そんな彼にも苦手なことがひとつあった。自分に関する事柄については、間違った判断をしてしまうことが多かったのだ。これが、「パラドックス」と称されるゆえんだ。

❓ カナダのウォータール大学、イゴール・グロスマンの実験

自分の身に起きた対人関係の問題をイメージするグループ

友人の身に起きた対人関係の問題をイメージするグループ

冷静度の低い判断

賢明な判断

人間は**自分の問題**に関して、**判断が鈍る**生き物である

変革アクション③ 影響が届くところからはじめよう

　日常生活において、あなたは自分の心理的エネルギーをどんなところに注いでいるだろうか。コヴィーは「関心」と「影響力」を基準に、世界を3つに分けて考えた。第一に、自分が関心のあることとないことに分け、関心がある範囲を「関心の輪」という言葉を使ってあらわした。第二に、関心がある範囲の中で、自分が影響力を及ぼせる範囲を「影響の輪」と表現して「関心の輪」とは区別して考えた。

　なぜ「関心の輪」と「影響の輪」を分けるのだろうか。それは「関心の輪」に意識が集中すると、自分の影響力が及ばないために、他者を非難することにエネルギーが注がれてしまい、建設的な発想ができなくなってしまうからだ。主体的な人は、変えられないことに「関心」は持つが、積極的には関与しない。組織を変えたいのであれば、まずは、自分の限られた時間や心理的エネルギーを「影響の輪」に集中させる。その上で「影響の輪」をすこしずつ広げていくのだ。

　例えば、自社の中で、自分自身が影響できる範囲はどこだろう。ほんの2・3人かもしれないし、チーム全体かもしれない。ある分野に限られるかもしれないし、部門全体に影響力を持つ人もいるだろう。社長であれば全社が影響の輪だ。「自分自身」の変革に続いて「自分が大きな影響を及ぼせるところ」を対象にして、変革のための最初の一歩を踏み出そう。

> ### 変革アクション　その③
> ### 自分の「影響の輪」を見極める。
> ### そこに自身の心理的エネルギーを集中する

「関心の輪」と「影響の輪」

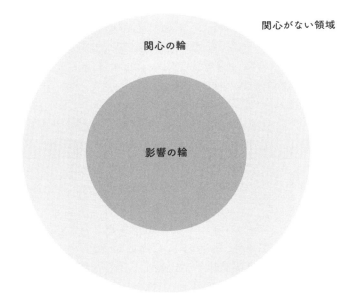

関心がない領域

関心の輪

影響の輪

影響の輪を描くことで
「自分が直接コントロールできる、あるいは大きく影響できる領域」
を意識できる

出典：スティーブン・コヴィー『7つの習慣』

変革アクション④ 小さな成功を育てていこう

　自分の影響の範囲で、「成功循環モデル」をまわしていこう。ビジネスにおいて組織が成果を求めるのは当たり前である。ただし数字づくりをはじめると、組織の土壌は枯れていき、成果からは遠のいてしまう。持続的に価値を生み出す組織をつくるために、信念を持って「自分の影響の輪」において、成功循環モデルをまわしていくのだ。

「関係の質」を高めるためには、第3章「心理的に安全な場づくり」がキーとなる。共感デザイン、価値デザインと、丁寧に組織の土壌を耕していくことだ。続いて「思考の質」を高めるためには、第4章「意味の共有」がキーとなる。目の前の仕事が自分にとって、また社会にとってどういう意味を持つのか、あせらずにメンバーの内在化を促すことだ。さらに「行動の質」を高めるには、第5章「内発的動機づけ」がキーとなる。自律性、有能感、関係性を大切に、メンバーのやる気を高めていくことだ。関係性が変わり、思考が変わり、行動が変われば、やる気に満ちた「やさしいチーム」に育っていく。数ヶ月後には成果に結びつき、その後も持続的に繁栄が続くだろう。

　ここでひとつ、注意したいことがある。「関係も大切だが、結果も大切だ」と、よくばって関係と結果を同時に高めようとしないこと。関係は目に見えないが、結果は可視化できるために、メンバーの意識が結果に集中し、失敗循環に入ってしまうからだ。成果を出したいのであれば、確固たる信念を持って、成功循環モデルをまわすことだ。それぞれの質の向上に対話をしながら取り組む。チームの活気をとりもどし、真実の瞬間を変革し、顧客の価値を生み出すことに集中しよう。顧客の笑顔と組織の成果が、もれなくセットでついてくるはずだ。

> **変革アクション　その④**
> ### 信念を持ち、関係・思考・行動と変革を進める。
> ### 価値を生むことに集中する

「関係の質」から「成功循環モデル」をまわしていく

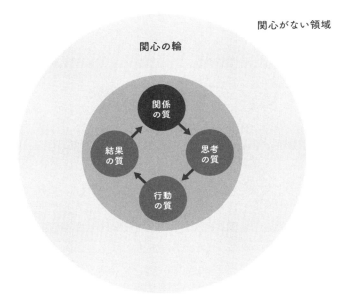

関心がない領域

関心の輪

関係
の質

思考
の質

結果
の質

行動
の質

影響の輪の中で、関係者の共感を得て、みんなで「成功循環モデル」をまわす

出典：スティーブン・コヴィー『7つの習慣』

変革アクション⑤ 反対者の信頼を得る努力をしよう

　組織の変革には、必ず反対する人が出てくるだろう。現在の組織は、過去の成功体験に基づいて構築されたシステムだからだ。自分より立場が上の人が反対することも多いだろう。しかし対立する必要はない。なぜなら「成果をあげたい、組織をよくしたい」という思いは共通であり、価値観や方法論が異なるだけだからだ。真正面から対立している点を議論するよりも、パーパスを共有すること。組織をよくしたい情熱を語り、意図を理解してもらうことだ。

　リーダーには人の悩みやお金の悩みがつきものだ。上司は、おそらくあなたよりもさらに深く「責任感の罠」にはまって苦しんでいる。組織への責任感ゆえに、命令的な口調になり、管理的な話を繰り返してしまう。すると、部下との心の距離が遠くなり、孤独になっていく。そんな時、もしあなたが上司の立場だったら、どんな部下がいたらうれしく感じるだろう？

　人間は、不安感や孤独感にさいなまれている時ほど「信頼できる人間」がほしいものだ。そのためには、信頼の3つのドライバー「真実性」「共感性」「論理性」を揃えること。そして、うそいつわりのない自分の言葉で「組織をよくしたい」というあなたの情熱を伝えることだ。これは、アリストテレスが説いた、人を動かすための三要素「エトス（信頼）、パトス（情熱）、ロゴス（論理）」にも通じる不変の真理である。相手が変わるかどうかは問題ではない。自分自身が変わり、最善を尽くすことが大切なのだ。すぐに関係性が変わるかどうかはわからない。しかし、時が経つにつれ、きっと今までとは違った視界がひらけてくるはずだ。

> **変革アクション　その⑤**
> **反対者にも、情熱を伝え、信頼を得る努力をする。**
> **次第に関係性は変わってゆく**

信頼のトライアングルをつくる

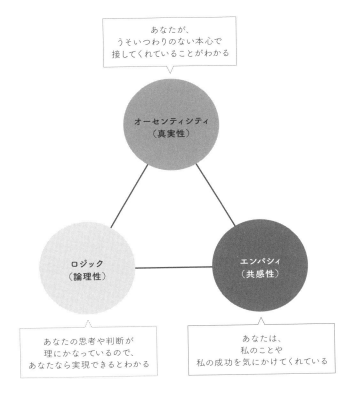

あなたが、
うそいつわりのない本心で
接してくれていることがわかる

オーセンティシティ
（真実性）

ロジック
（論理性）

エンパシィ
（共感性）

あなたの思考や判断が
理にかなっているので、
あなたなら実現できるとわかる

あなたは、
私のことや
私の成功を気にかけてくれている

人が相手を信頼するのは、3つのドライバーがそろった時
・相手が本心で接してくれている（**オーセンティシティ**）と考える
・相手の判断や能力（**ロジック**）を信じる
・相手が自分のことを気遣ってくれている（**エンパシィ**）と感じる

出典：フランシス・フライ他　ハーバード・ビジネス・レビュー「リーダーの信頼を支える3つの力」

変革アクション⑥ 常にチームの希望でいよう

　組織の変革には強い意志が必要だ。困難は次々とあらわれるだろう。しかし、諦めたらそこで試合終了だ。ジョナサン(116ページを参照)のように、心に太陽を持とう。場に不安や恐れが生まれたとき、意識的に場を安心に導く人がいる組織は非常に強い。

　想定した結果と現実が異なった場合、心の持ち方がとても大切になる。ピーター・センゲは『学習する組織』で、ありたい姿と現実との乖離を、輪ゴムを上下に引っ張った状態に例えて説いている。テンション(緊張)は、前を向くためのエネルギーなのだ。ギャップは伸び代であり、成長の機会である。そのような心のあり方を、センゲは「クリエイティブ・テンション」と表現し、ビジョンに近づくためのエネルギーであるとした。

　しかし人間の心は弱いものだ。想定外の厳しい現実を前にすると、不安に支配されがちだ。「もう無理だ」と落ち込んだり、「自分は何をやってもだめだ」と自己否定に走ったり、「うまくいかないのは彼のせいだ」と他責の思考にはまったり、「そもそも大切なことは別にある」と問題をすり替えたりしてしまうのだ。センゲは、このような心の動きを「エモーショナル・テンション」と呼び、学習を阻害する思考として警鐘を鳴らした。

　厳しい時には、2万回もの失敗を経て、ついに白熱電球を完成させたエジソンを思い出そう。「その方法ではうまくいかないことがわかったんだから、これは成功なんだ」と経験から学び続けた。持ち前のクリエイティブ・テンションがエネルギーになったのだ。失敗は神様が与えてくれた明日へのヒントと捉えよう。困難の時こそ、学習と成長のチャンスなのだ。

変革アクション　その⑥
困難は学習のチャンス。
希望を抱き、みんなで助けあい、乗り越えて成長する

クリエイティブテンションとエモーショナルテンション

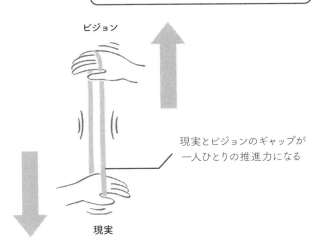

クリエイティブテンション（創造的緊張）

現実を正しく理解して行動し、
経験から学習する理想のビジョンに近づく

伸び代が見つかった！

ビジョン

現実とビジョンのギャップが
一人ひとりの推進力になる

現実

エモーショナルテンション（感情的緊張）

ギャップや結果に落胆し、
不安や自己否定となるビジョンが変質してゆく

私はなにをやってもだめ……

出典：ピーター・センゲ『学習する組織』

変革アクション⑦ 共感をつなぎ、影響の輪を広げよう

　影響の輪で成果に結びついたら、社内で成功のコツを広め、同志の輪を募ることが大切だ。成果を出せば、必ず注目する人が増えてくる。「成果をあげたい、組織をよくしたい」という思いは共通だからだ。ここが資本主義のいいところなのだ。隔たりをつくらず、広く参加を募り、影響の輪を広げよう。それまで反対していた人であれば、なおさら大歓迎だ。社内で同志を広げるために、ビデオ会議や交流プラットフォームなど、テクノロジーは最強の武器になるはずだ。社外のラーニングコミュニティに属することも、大いなる励みと刺激になるだろう。

　ガンジーは、一気に全体を変えようとせず、農民一人ひとりと対話し続けた。焦らずに、長い年月をかけて巨大な潮流をつくり、最終的に数億人を動かすムーブメントを成就した。なぜ、一人の人間にそんな偉業が可能なのか。それは「ティッピングポイント」があるからだ。アイデアや社会的行動が、ある閾値をこえると、野火のように広がってゆく、劇的な瞬間のことだ。賛同者の数がティッピングポイントを超えれば、「多数派の様子見だった人たち」が次々と仲間になり、組織変革の本流となってゆく。いつしか、全社に成功循環サイクルが回りはじめる。その実現を信じて、目の前で働く仲間一人ひとりと、一期一会の気持ちで対話するのだ。

　大河の流れも一滴のしずくから。結果のいかんにかかわらず、チャレンジした経験はプライスレスな価値となり、あなたを大きく成長させるはずだ。

> **変革アクション　その⑦**
> ## ティッピングポイントはきっと訪れる。
> ## 一期一会の気持ちで、対話を広げる

組織には、いろんな人がいて健全である

消極派

現状を変更するのは
できるだけ避けたい

様子見派

自分の組織にとって
プラスになるかわか
らないから、まだ動
きにくい

積極派

人がなんと言おうと
積極的に行動する

共感によって「影響の輪」を広げていく

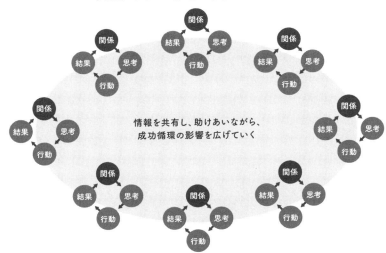

情報を共有し、助けあいながら、
成功循環の影響を広げていく

組織横断チームのパーパス例…① チームナレッジ共有　② チーム断捨離　③ チーム北極星

03   さあ、冒険をはじめよう

失われた20年を超えて

　1990年初頭から、日本経済は停滞が続いている。バブル崩壊によるダメージはもちろんだが、長期的に見ると、マネジメント能力（TFP）とテクノロジー投資（ICT投資）に課題があり、労働生産性が低迷したことが大きい。2013年、来日した経営学の権威ヘンリー・ミンツバーグは、日本経済におけるコミュニティ意識が崩壊したとして「日本が失ったもの」を的確に指摘した。

　「私は、80年代の頃から日本的経営のファンでした。日本ではコミュニティという概念がしっかり根づいており、社員と会社の間の深いエンゲージメントを生み出していました。しかしその後に成果主義を導入し、役割を明確化した結果、組織全体のために役割を超えた仕事を率先して行うといった慣習も薄れてしまいました」

　残念ながら、この課題はさらに深刻さを増している。現在、日本の職場は疲弊の極みといっても過言ではない。2017年に実施されたギャラップ社の「エンゲージメント・サーベイ」では、日本企業に働く社員のうち、熱意のある社員の比率はわずかに6％、逆に不満を撒き散らす社員は23％にものぼり、エンゲージメントは世界でも最低レベル、まさに天国から地獄なのだ。これが日本企業のマネジメントの実態である。この傷口にしっかり目を向けよう。そして、新しい組織、新しい日本をつくっていくための起点としよう。

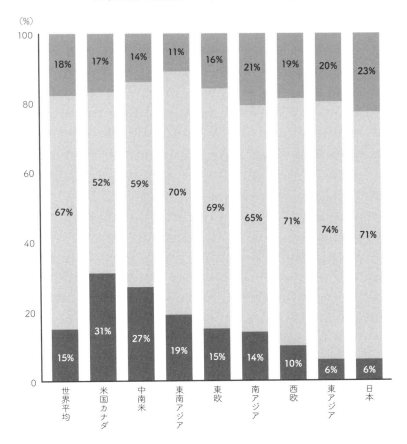

日本企業の社員のエンゲージメントは低い

（％）

- 熱意ある社員
- やる気のない社員
- 不満を撒き散らす社員

出典：Gallup「エンゲージメント・サーベイ」

僕たちは、学習する民族である

　東南アジアに、生涯を海の上で過ごすバジャウ族という漂海民族がいる。彼らの潜水能力は驚異的で、水深70メートルまで素潜りし、13分も海中にとどまることができる。調査の結果、彼らは古い赤血球を破壊する脾臓が一般人の1.5倍もあることがわかってきた。この海域で1000年以上暮らす過程で自然に淘汰され、遺伝的に有利な特徴を備えるようになったと考えられている。遺伝だけではない。彼らの角膜や瞳孔は水中での視認に適するように変化しているが、これらは訓練によるものではないかと推測されている。

　同じように、日本人も独自の進化を遂げてきた。そのひとつに、セロトニン・トランスポーター遺伝子のS型保有率が約80％と極めて多いことがあげられる。セロトニンは安心感をもたらす神経伝達物質であり、S型はセロトニンの分泌量が少ない「不安遺伝子」とも呼ばれるものだ。つまり、日本人は世界で一番不安を感じやすい遺伝子を持った民族なのだ。天災の多さや感染症と関連しているとの仮説もあるが、原因は明らかになっていない。

国ごとの「不安遺伝子」保有率

	日本	中国	インド	米国	英国	ロシア	フランス	ドイツ
S型保有率	80.3%	75.2%	58.9%	44.5%	44.0%	43.9%	43.2%	43.0%
標本数	1,176	1,896	1,007	4,162	5,888	1,370	2,665	4,105
研究数	5	3	3	14	3	4	8	12

出典：Chiao & Blizinsky「Culture-gene coevolution of individualism-collectivism and the serotonin transporter gene」

　この遺伝子は「最後通牒ゲーム」との相関関係があるとの研究もあり、それによると、S型遺伝子を持つ人は、実直で協調性が高いが、不公平な仕打ちに敏感で、自己犠牲をいとわず復讐行動に出やすい性質を持つことがわかった。あわせて、日本はほぼ単一の民族で構成されており、同質で同調圧力の強い社会とも考えられている。SNSにおける世論形成や過剰なバッシングなどで、不寛容さや息苦しさを感じる方も多いのではないだろうか。

参考資料

最後通牒ゲーム

経済学は、人間は自分の利益だけを考えて行動する「経済人」であるという前提で生まれた学問である。しかし、現実は異なることがわかってきた。それを端的にあらわす実験として有名なのが「最後通牒ゲーム」である。

① AさんとBさんに、お金（ここでは1000円と仮定する）を見せる
② Aさんに1000円を渡し、Bさんと分配するよう伝える。金額はAさんに任せる
③ 金額を提示されたBさんは、それを受け取るか、拒否するかを選択する
④ Bさんが受け取った時のみ、AさんBさんの両者がお金を自分のものにできる

従来の経済学では、Aさんが1円以上を提案すれば、純粋に利益を得るBさんは受け取るはずだが、現実はそうならない。人間は「公平性」を強く意識するからである。各地の文化により提案の平均値は25～50%と上下する。

2012年に行われた放射線医学総合研究所と京都大学の研究によると、公平性に敏感なのは、衝動的で敵意の強い人ではなく、正直で平和的な人であり、後者のタイプほど、不公平に対して義憤に駆られ、拒否行動（報復行動）に出やすいことがわかった。また、被験者の中脳をPET検査した結果、セロトニン・トランスポーターの数が少ない人ほど、拒否行動に出やすいことも明らかになった

　しかし「ネガティブ感情」は進化の賜であり、不安には利点もある。不安とは、弱肉強食の中で磨かれてきた「危険を察知するアンテナ」だからだ。ポジティブ感情は思考と行動の幅を広げ、創造性を高めることが知られているが、適度な不安は逆に思考をフォーカスし、聴覚や視覚の能力を高め、問題解決能力を向上させることがわかっている。また、不安がない人はコンフォートゾーンに留まりがちで、適切な不安感がラーニングゾーンへのスイッチとなる。積極的な行動は失敗経験を生み出す効果があるが、失敗する前に不安を感じることで、シミュレーションを繰り返し、学びを得ることもできる。つまり「適度な不安は学習のトリガー」とも言えるのだ。

　僕たちが生きる豊かな国、日本は、外圧による危機感から国内が一致団結したときに、大いなる成長をとげてきた。黒船来航への危機感から生まれた明治維新では、「富国強兵」をスローガンとして文明開化し、またたく間に列強に名を連ねて世界を驚かせた。第二次世界大戦の敗北がもたらした戦後の復興では、「所得倍増」をスローガンとして驚異の成長を遂げ、20年あまりで米国に次ぐ経済大国となった。いずれも、団結力と勤勉さが生み出した奇跡といえるが、その背景には、模倣からはじめ、綿々と緻密な改善を積み重ねる日本人の学習能力がある。世界一不安を感じやすい日本人は、世界でも有数の「学習する民族」なのだ。

　今、日本社会は成熟期を迎えている。いたるところに制度疲労が散見され、対立感情も芽生えている。このまま、より深刻な外圧が襲ってくるのを待つのか。それとも、自律性に目覚め、団結して、優しくクリエイティブな知識社会の創造に踏み出すのか。僕たちの未来は、僕たちの「現実に対する意味づけ」で決まってゆくだろう。

すべてのものにはクラック（ヒビ）があり、そこから光が差し込む。
There is a crack in everything and that's how the light gets in.

　僕たちは「日本の組織に入ったクラック」に、どんな意味を見出せるだろうか。そこから差し込む光とは何か。未曾有の危機を、どのように創造的なエネルギーに変えればいいのだろうか。

　オードリー・タンの言葉を繰り返したい。
「もしあなたが何かの不正義に焦り、怒っているのなら、それを建設的なエネルギーに変えてみてください。こんなおかしいことが、二度と起きないためにできることはなんだろう、と自問自答を続けてください。そうすれば誰かを攻撃したり何かを非難したりせずに、前向きな新しい未来の原型をつくる道にとどまることができます。あなたが見つけたクラックに他の人たちが参加し、そこから光が差し込みます」

　すべては、ひとりの行動からはじまる。
　答えを探りに、これから現実の世界で冒険の旅にでかけよう。
　苦しかった経験は、きっと未来に光をもたらしてくれる。

　日本人がまとまるには、パーパスが必要だ。僕たちは、自分の組織を、そして未来の日本をどうしたいのか。ビジョンを描き、人々の英知を集約して、そこに向かおう。

　今までも、何度も危機を克服してきた。
　だから僕たちは、組織を変えていけるのだ。

おわりに
〜現実の世界へ〜

　たったひとりから、組織をよりよく変えていく。そのために、明日から何をすればいいのか。それを一緒に考えていくために、しばし、あなたを「知識の世界」へといざないました。この本でお伝えした知見と技術は、知識社会における組織のあり方と、そこにたどり着くための道しるべです。今から現実の組織に向きあうあなたに、最後のエールをお贈りします。

100年も昔、ある実験のお話から。

　1924年から8年間、米国ウェスタン・エレクトリック社のホーソン工場で、工場の照明と作業能率の相関関係を調べる実験が行われました。メイヨーやレスリスバーガーによるホーソン実験です。作業部屋の照明を明るくすると、そのグループの生産性が高まりました。しかし、照明を変えなかったグループも、なぜか生産性が高まったのです。予想外の結果に研究者たちは驚き、賃金、休憩時間、軽食など、さまざまな環境や条件を変えて実験を繰り返しました。しかし、科学的管理法が想定していた「労働環境や労働条件と生産性の相関関係」は見出せませんでした。不思議なことに、環境や条件にかかわらず生産性が高まるケースが続出したのです。科学的管理法の有効性を実証しようとしていた研究者たちはこの結果に頭を悩ませましたが、被験者の面談調査から「人間の本質」が浮かび上がってきました。

人は、パンのみにて生くるにあらず。

　被験者たちは、実験のために上司や仲間と会話を交わし、関係性の深まりを感じていました。「私の仕事は注目されている」と思うと、仕事への意味づけも変わっていきます。職場の人間関係がいいと作業のミスが減ることもわかりました。人間関係や感情の影響が、環境や条件の変化を超えたのです。この実験から「客観的な労働条件」よりも「職場の人間関係」のほうが生産性に大きく影響するという、組織論の新しい可能性が導かれました。この実験に対しては賛否両論が渦巻きましたが、現代経営学において、「人間関係論」は「科学的管理法」とは一線を画する、経営学のもうひとつの原点として認められています。経営学は「科学と人間」というふたつの核を源流に、前者は経済学を、後者は心理学や社会学を礎として、螺旋状に進化してきたといえるでしょう。

人のつながりから、
持続可能な世界を創ろう。

　知識社会に入り「人間関係論」が見直されています。テクノロジーが導いた知識社会は、実は古くて新しい世界なのです。科学的管理法は、工業社会の生産性を50倍に高め、先進国に住む人々を中心に、物質的な豊かさで世界を満たしました。知識時代に生きる僕たちにとって、一義的な課題は「人間関係（人のつながり）」を大切にして、知識労働の生産性を大きく高めること。しかし、渡されたバトンは生産性にはとどまりません。工業社会が破壊し続けた「本当は大切だったもの」を、可能な限り再生すること。働く人々が幸せを感じ、持続可能な価値を生み、誰も置き去りにしない社会をつくり、美しい地球環境と共存することです。さもなくば、もはや人類に未来はない。これが、新しい世紀を生きる、そして剣が峰に立たされている私たち一人ひ

とりに問われた課題です。

知識社会を支えるのは、心理的エネルギーである。

　工業社会において、産業の根幹を支えていたのは、施設をつくるためのお金と、それを動かすためのエネルギーでした。ならば、人のつながりが価値を生む知識社会ではどうでしょう。アイデアを生む人のつながり、つながりをつくる情報のプラットフォーム、そして人を動かす心理的エネルギー。これらが産業の根幹となるでしょう。ヒト・モノ・カネと並列に語られる経営資源ですが、機械と人は明らかに異なります。機械は正しい命令を入力すれば、正しい結果を生み出します。機械は命令通りに動くからです。しかし人は違います。正しい意思決定のもとに命令を下しても、それを受け入れるかどうかは、本人の意思次第なのです。知識社会において、一方的な命令は反発や離散を招き、むしろ負の結果を導いてしまうでしょう。ならば、人の心を動かすものはなんでしょう。人の心は、どんな時に前を向き、高い価値を生み出すのでしょう。この哲学的な問いに、ビジネスも真剣に向き合う時がきたのです。

僕自身が体験した、知識社会の歩き方。

　ここで、すこしだけ僕の話をさせてください。三十年におよぶ起業家人生で、僕は行き過ぎた資本主義を、自ら率先して生きてました。若いころ、僕が尊敬していたのは、二十世紀最高の経営者といわれたジャック・ウェルチです。勝つことがすべて。経営者の使命は企業の価値を高めること。彼の刺激的なメッセージは、若かった僕を大いに刺激しました。未上場で時価総額が100億円を超え、世間の耳目を集めるテクノロジー・ベンチャーにもなりました。

一方で、時に強引な営業を促し、取引先を困らせ、社員を路頭に迷わせ、あげくの果てに創業者追放の憂き目にも遭いました。そんな僕を変えるターニングポイントとなったのは、リーマンショックによる経営危機です。ほとんどの株主が倒産を確信した時、僕の心の目はようやく覚めました。厳しい現実は、起業家としての行動の積み重ねから生まれたものであり、もとをたどると物質的な価値を追い続けた「自分自身の心」にあったことに気がついたのです。その時から、僕は自身の心のあり方を強く意識しはじめます。お金や地位から、自己成長や深いつながりへと、僕の興味は自然とシフトしていきました。そして、僕は自らの心理的エネルギーを、社会的な価値を生むことに集中させたのです。

与えよ、さらば与えられん。

　僕の人生は劇的に変わっていきました。わずかに残った社員に自らの過ちと反省を率直に伝え、社会的な価値を創造する新たなビジョンを宣言しました。自社事業の研究に没頭して社内勉強会を行い、その内容をブログで広くオープンにしました。それがヒットして広告塔になり、会社は奇跡の復活を果たしました。その体験を本にする機会をいただき、そのつながりで大学の客員教授の機会までいただきました。そこで学生たちとチームをつくり、その経験をもとに社会人向けのゼミを立ち上げました。そして今、ゼミで磨きあった知見をもとにこの本を執筆しています。振り返ると、リーマンショックの危機が、僕を「主体性を持つギバー」に生まれ変わらせたのでしょう。それから10余年、自分自身の心理的エネルギーが、どのように現実を創造していくのか、わが身を持って実験し、ポジティブな結果を得ることができました。この知識時代の歩き方を、体系的なメソッドとしてパッケージし、多くの人にお届けしたい。それが、この書籍にかける僕の個人的な思いです。

ビジネスにおける習熟は、
スポーツのごとく。

　お別れの前に、この本の活かし方をお話しさせてください。この本は、第一章がWhy、第二章がWhat、そして第三章から第六章までがHowとして構成され、全体で「知識社会の組織のつくりかた」に必要な最新の組織論を、幸せ視点で体系化したものです。明日から行動できるよう、実践的な内容にすることを心がけました。知識は現実に活かされて、はじめて価値を生みます。サッカーの技術本を何百冊と読み、うまくなるための知識を記憶しても、フィールドに出ることなしにサッカーが上達することはありません。練習を積み重ね、数知れず試合に挑む人だけが、書籍から得た貴重な知識を活かせます。ビジネスも同じです。いくらビジネス書を読み込んで、多様な経営学の知識を得たとしても、それを伝えるだけで組織がよくなることはありません。むしろ、言うこととやることが違う人として認識され、反感を買ってしまう可能性が高いでしょう。なぜ、知識と現実の世界は異なるのでしょうか。

　ひとつは、客体の複雑性です。ビジネスに関わる多様な人々や外部の環境が、極めて複雑で、かつ常に揺れ動くために、ひとつとして同じシーンがあらわれないからです。もうひとつは主体の認識エラーです。頭で理論を知ると「なるほど、そういうことか！」と納得してしまい、自分が行動できると誤解してしまうのです。スポーツでは、頭の中にある理想的な動きと、現実の身体の動きを同一にするために、気が遠くなるような練習を重ねます。ビジネスの世界も同じこと、当事者としての経験にこそ、学びを活かす鍵があるのです。

さあ、現実の世界へ。

　では、どうすればいいのでしょう。それはとても簡単です。知見と技術を学んだら、ややこしいことを考えずに、今からできることにチャレンジすることです。エジソンは「失敗」という概念を持たず「新たな学習の機会」と捉えました。恐れる必要はないのです。ガンジーは「不平」を言うよりも「農村を歩くこと」からはじめました。焦る必要はないのです。ひとつ動けば、新しい環境が生まれ、新しい同志も生まれてきます。成功が循環しはじめれば、社内で注目する人も出てくるでしょう。結果を求めてテイカーになるかわりに、目の前のことに熱中し、主体性を持つギバーになることをおすすめします。ジョブズが言うように、今に集中することで、あなたの貴重な経験（ドット）は、あなたの未来に向けてつながっていくのです。

　時に孤立し、誤解され、疲れ果てることもあるでしょう。理不尽と感じることも経験することでしょう。世の中は複雑で、学習の機会にあふれているからです。そんな時、この本は、あなたの気持ちに寄り添います。あなたの応援団になって、あなたの努力にエールを贈るでしょう。

　あなたが見つけたクラックに、まわりの人たちが参加し、助けあって価値を生み、そこから光が差し込みますように。あなたが幸せの起点となり、その幸せがすこしずつ組織の人たちに広がっていきますように。あなたのチームが、知識社会にふさわしい、幸せが価値を生む組織になりますように。

これから組織を変えていく
「スモールイノベーター」
のあなたに

今の組織をよりよくするために、自分を変えるところからはじめる。数々の困難を学習の機会ととらえ、組織変革の起点となってゆく。僕は、そのような方々のことを、敬愛を込めて「スモールイノベーター」とお呼びしています。あなたの大切な第一歩を応援するために、データや事例、無料講座などの付録を用意しました。

巻末付録 ①
資料作成のための図・イラスト無料ダウンロード

この本でお伝えしたことが理解できたとしても、人に文章や言葉で伝えるのは難しいかもしれません。そこで、本の中で紹介した図やイラストのデータ、さらには書籍のエッセンスをまとめたプレゼンテーション資料をダウンロードできるページを用意しました。不定期ですが、僕からあなたに直に応援メッセージをお届けするために、無料イベントのご案内もする予定です。

メンバーに対して、あなたが目指す方向を示したい。上司に対して、あなたのマネジメント方針を示す資料をつくりたい。所属するコミュニティで、あなたのビジョンに共感する仲間を集めたい。さまざまな場面において、あなたの影響の輪を広げていくために、ご活用いただけたらうれしいです。右記QRコードからダウンロードページに飛べます。

https://dakaboku.jp

巻末付録 ②

僕たちは、組織を変えはじめた

頭ではわかっても、行動にはなかなかうつせない。変えたいけれども、一歩踏み出す勇気が持てない。そんなあなたに、組織を変えはじめた同志のお話をご紹介します。2018年秋からはじめて、いまや500名を超えるラーニングコミュニティ「hintゼミ」では、この本に書いたメソッド「hintリーダーシップ・フレームワーク」に基づき、多くの仲間が組織を変えるための一歩を踏み出しました。いち社員、現場リーダー、マネジャー、経営者、さまざまな立場の人が、たった一人から、組織を変えはじめています。具体的な取り組みをインタビューの形で紹介しているので、ぜひ参考にしてみてください。

「役職」ではなく「役割」を与え、
メンバーを「サポート」するリーダーへ

──御社にはどのような課題がありましたか？

　私は大企業での人事や教育担当を経て、8年前、当社に入社しました。当時は私の前職同様に、目標達成が厳しくなるとトップから号令がかかり、現場が必死にがんばるといった管理主義的な組織でした。組織体系も、現場を管理しやすい縦割り的な構造で、私も前職で叩き込まれた経験をいかして現場の数字管理に努めていました。ですが実態は、厳しいようにみえて、現場は思考停止的になり、実際の行動が伴っていない状況でした。当時の近畿圏営業部は3つのグループに分かれていて、それぞれにグループ長がいましたが、そのリーダーたちも「部下の業績や自分の担当数字などを管理するのが仕事」という意識が強く、マネジメントをしているとはいえない状況でした。

──その課題とどのように向き合いましたか？

　このままではいけないと感じていたときに出会ったのが、「**学習する組織**」と、それを実現する「**サーバントリーダーシップ**」の考えです。リーダーがメンバーを支援し、コラボレーションを促すこの考え方こそ、受け身型になっている当社に必要だと感じました。そこで、2021年からグループ制を廃止し、部門長を補佐する4つの役割（役職）を設定しました。それまでの「結果を管理する」グループ長とは違い、それぞれにマネジメント担当分野を持ち、「**メンバーの営業活動をサポートする**」役割です。

・会社の方針を徹底し、浸透させていく担当者
・営業活動に関わる行動計画、時間管理などの担当者
・得意先別の営業戦略を推進していく担当者
・全社の販促企画の効果最大化、好事例づくりを推進する担当者

社名と事業内容	スモールイノベーター	感じていた課題	実践したメソッド
株式会社マルヤナギ小倉屋（煮豆、蒸し豆、昆布佃煮などの製造販売）	柳本健一さん（営業部門の部門長）	リーダー同士、メンバー間のコミュニケーションが不足していた	「学習する組織」実現のための意識・構造・交流の変革

——その取り組みによって、組織はどう変わりましたか？

　この体制変更で大きく変わったのは、**リーダーたちの意識**です。「結果を管理する」という意識が薄まり、行動計画や時間管理のサポートを行ったり、販促企画の相談に乗ったりと、「部下をサポートする」リーダーの役割を担うようになったのです。さらに、担当分野の分類を見てわかるように、それぞれの役割は各分野だけで完結するものではありません。そのため、営業戦略の担当者が、その戦略を効率よく進めていくために行動計画や時間管理の担当者をサポートするなど、**自然な流れでコミュニケーションが活性化**され、ひとつのチームのような形でメンバーをサポートできるようになってきました。「ひとりのリーダーが担当グループのすべてを管理する」、いわばオールラウンダーになる必要があったのが、担当分野を持った担当者がすべてのメンバーにかかわる、**専門的に知識やノウハウを蓄積していける形**に変わったわけです。

　彼らは、グループ長という「ポジション」を失った代わりに、担当分野において、より大きな「部」の運営やマネジメントにかかわれるようになりました。体制変更の効果も大きかったですが、なにより「自分の数字や部下だけでない、より大きな組織のマネジメントに直接かかわって、影響を与えることができる」という実感から、メンバーたちは主体的に「学び、実践する」ようになりました。「有能感」が生まれたことで、**「意識・構造・交流」の変革**が起き、部下たちにも影響が及び、**「自走する組織」**になれたのです。

「意味の共有」によって仲間が集い、
新卒採用の根本が変わった

――御社にはどのような課題がありましたか?

　総合広告会社である当社は、2019年から新卒採用を抜本的に見直しました。私たちは以前から面接官を務めていましたが、訴求するメッセージが毎年変わることに違和感を持っていました。人事からも「こういう人材が欲しい」「こういう意図を持って採用している」という**一貫したストラテジーを感じたことはなく**、ただ「会社説明会に出てください」「面接をやってください」と、作業のように指示される状況でした。しかし、自分たちの軸が不明確では当社に共感してくれる人材は集まりませんし、学生さんたちにも失礼だと感じました。とはいえ、人事担当者にヒアリングすると、数千人という応募者をさばくことで手一杯。そこでリソース不足が課題なら、社内の制度を活用して「採用改革プロジェクト」を立ち上げ、中長期的なビジョンをつくっていこうと考えたのです。

――その課題とどのように向き合いましたか?

　プロジェクトを進めていく際に、ふたつのことを意識しました。ひとつは、**上からの号令ではなく、現場の人たちを巻き込んで数字や実績を出し、それを全社に広げていく「ボトムアップ型」でやること**。もうひとつは、私たちがやるのは答えを出すことではなく、社員の中に眠る違和感を言語化し、適切な課題設定をすること。このふたつです。

　これは、プロジェクトを成功させるにはメンバーの「やりたい」という気持ちが不可欠だと考えたからです。これまでの採用活動でも自ら協力の声をあげる社員も点在していたこと。それに広告業は「顧客の視点」に立つ仕事。現場の人がその気になってくれたら、学生視点に立った採用活動が絶対にできると確信していたのです。そこで、社外に発信する以上

社名と事業内容	スモールイノベーター	感じていた課題	実践したメソッド
株式会社大広（広告業全般）	坂本宗隆さん 西岡岳さん	新卒採用に一貫した戦略や軸がなかった	「意味の共有」のためのビジョン策定

に、社内の人たちに向けて「うちの会社ってこんな会社だよね」というメッセージを発信したり、学生さんからの感想をフィードバックして共有したりしました。

—— その取り組みによって、組織はどう変わりましたか？

しだいに協力してくれる人が増え、某企業が実施している**就職人気ランキングは前年度から200位以上も上昇。エントリー数も3割増、内定受諾率も60.4％から84.0％になるなど、数字としても結果が出ました。**2021年にはOB/OG訪問ネットワークサービス「ビズリーチ・キャンパス」が開催した「OB/OG AWARD」で、企業部門カルチャー賞準グランプリも受賞しました。

このプロジェクト通じて感じたことは、「**WHYは仲間を連れてきてくれる**」ということです。私たちがやったことといえば、「なぜ採用を改革するのか」「なぜビジョンの策定が必要なのか」「これがうまくいくとどうなるのか」を伝えただけで、そこに共感した人が自発的に協力してくれたのです。本業も忙しい中さまざまな部署のメンバーが参加する運動体となっていきました。これは上からの命令ではなく、**WHYに共感したことで「このプロジェクトに協力したい」**という「**内発的動機**」が生まれたからだと思います。つまり、ビジョンを打ち立てたことが、社外へのアピールになるだけでなく、社内の一致団結においても大きな効果をもたらしたのです。

メンバーの「エンゲージメント」を高めることで、顧客満足度にも良い影響が！

──御社にはどのような課題がありましたか？

当社は17店舗を展開するアミューズメントチェーンです。そのなかで私が店長を務めるプレイランド名宝那覇店は、2019年の従業員満足度調査でグループ16位の結果になりました。その結果には頷けました。従業員間のコミュニケーションは少なく、言われたことだけやる指示待ちの人ばかりだったのです。「給料のために働いている」という感じで、**顧客満足度さえ下がりかねない状況でした**。私も危機感を持っていましたが、直属の部下とのコミュニケーションは増やせても、その下や、そのまた下、さらには現場のアルバイトにまでは意思疎通ができていませんでした。忙しすぎて向きあう時間がつくれず、世代も異なるため自分の経験に基づくアドバイスができないといった理由もあり、情報や価値観の共有ができていなかったのです。

──その課題とどのように向き合いましたか？

そのときに「内発的動機づけ」という視点に出会いました。**組織への「エンゲージメント」を構築していくこの手法は、まさに当社に必要だと感じました。**しかし、そのために必要な「自律性」「有能感」「関係性」のすべてが、当時の当社にはありませんでした。そこで、同じくhintゼミ生の中村恵美さん（SPARKS NETWORK株式会社）にもサポートいただきながら、改善をはじめました。

まず変えたのは、自分をふくめマネージャー陣の意識です。当社はトップダウン型の社風ですが、それでは現場との関係性は芽生えません。相談された上司は作業の手を止め、話を聞く、相談に乗る、報告を受けることをルールにしました。「傾聴する」意識を持つようにしたのです。会議で

社名と事業内容	スモールイノベーター	感じていた課題	実践したメソッド
めいほうぐるーぷ（アミューズメント施設の運営）	前田清隆さん（プレイランド名宝那覇店店長）	現場スタッフの「やる気」が見えなかった	「エンゲージメント」を高める「自律性」「有能感」「関係性」の構築

もマネージャー陣が率先して話すことで、発言しやすい空気感をつくりました。ほかにも、達成可能な目標を設定して週に1回フィードバックしたり、積極的に感謝の言葉を伝え、言った人と言われた人にシールを与えて「成長」を見える化したりしました。

── その取り組みによって、組織はどう変わりましたか？

　これによってメンバーの「有能感」は高まり、みんなも楽しむようになって、コミュニケーションも増えていきました。その結果、会議での提案も増えるなど「自律性」も高まっていったのです。さらにはスタッフのこの成功体験を、次はアルバイトにも広げていきました。アルバイトの方々にも会議に参加してもらい、司会進行をやってもらうなど発言しやすい仕組みをとったことで、アルバイトにも自律性や有能感が芽生えました。ここまできてようやく、メンバーがスキルアップや悩みについて相談してくれる「対話」が生まれてきました。対話によって「わからないことを減らしていく」「できることを増やしていく」。**これはまさに「成長」であり、その土台には「エンゲージメント」が必要なのだと実感できました。**

　これらの取り組みの結果、翌年の従業員満足度はグループ2位に。アルバイトの人たちも、これまでは嫌々やっていた清掃を自発的にやってくれるようになりました。**自律性、有能感、関係性が育まれたことで、「しなくちゃ」が「したい」に変わり、行動にも変化が現れてきたのです。**顧客満足度も前年対比119％となり、営利的な目標達成においても欠かせないと感じました。上層部もそれを感じてか、本部長が那覇店を視察し、この取り組みを他店舗にも推奨するなど、組織全体が変わる兆しがでています。

社員インタビューで成功を共有し、「影響の輪」を広げる

——御社にはどのような課題がありましたか？

　当社は飲食業界に特化した人材紹介サービスを運営する会社です。近年の飲食業界は人手不足が続いており、転職市場も活況でした。ユーザーは右肩上がりに増え、クライアントからの引きあいも多く、日々の業務をこなすのに精一杯でした。しかし、コロナによって状況は一変しました。飲食業界は危機的状況に陥り、当社の売上も半分程度まで落ち込みました。またリモートワークが進み、コミュニケーションが取りづらい状況に。**これまでの様な効率性重視の方針ではこれからのニューノーマルな時代に対応できないのではないかと危機感を感じていました。**

——その課題とどのように向き合いましたか？

　「これは組織を再設計、再構築するチャンスだ」「むしろ、いま変わらないと未来はない」と捉え、**組織を変える取り組みをはじめた私が出会ったのが、「成功循環モデル」でした。**よく考えると、すでに社内では成功事例を出している人もいました。そこで、そういった人たちに話を聞き、その成功例を社内に広めていけないかと考えたのです。月間MVP取得者を中心に1時間ほどインタビューし、15分くらいの動画に編集して社内ウェブで共有する取り組みをはじめました。インタビューで聞いているのは、単発で成果を上げた方法ではありません。「MVPになった人でも自分と同じ時期があったのか」と感じられるように、それまでの苦労や努力といった辛かった時期の話を聞きます。つい結果や行動ばかりに目がいきがちですが、その前の**「意識や思考の変化」が伝わるようにインタビューしています。**

　動画を見た人の中には、触発されて個人的にアドバイスを求めてきたり、

社名と事業内容	スモールイノベーター	感じていた課題	実践したメソッド
クックビズ株式会社（飲食業界に特化した人材サービス業）	藪ノ賢次さん（代表取締役社長）	効率性を重視し過ぎたあまり、自律性が発揮しにくい環境だった	「成功循環モデル」をまわすために「影響の輪」を広げた

自主的に勉強会を開いたりした人もいました。全員というわけではありませんが、研修やルールを設けて強制的にやらせたら意味がありません。本人が自発的にやることがなによりも大事だと考えています。**小さな成功をした人を見つけてあげる、褒めてあげる、みんなに教えてあげる。すると、それを知った人が自律的に行動する。そしたらまた、それを見つけてあげる。**これが、私がまわしている当社の成功循環モデルです。ちなみに動画の撮影や編集は広報担当者がひとりでやってくれています。当社は私が中心になってやっていますが、広報部やいち社員が同様の企画を提案、運営していくことも十分可能だと思います。

──その取り組みによって、組織はどう変わりましたか？

当初は、「そんなことよりも、まずは業績を元に戻すことが最優先だ」と反対する人もいました。確かに上層部が数字や行動を厳しく管理して、現場が必死にがんばれば短期的な売上は出せるかもしれません。でもそれでこの難局を乗り切れてしまったときには、もう後戻りできなくなると思いました。**現場のメンバー一人ひとりがユーザーに何を求められているのかを自分たちで考え、行動できる環境を整えていかないとVUCA時代は乗り切れないでしょう。**この取り組みを続けるうちに、少しずつですが、反対していた人たちも興味を示してくれるようになりました。私自身も、「組織は全体が一気に変わらないと意味がない」がただの思い込みだったと認識できました。たとえ遠回りでも、未来に向けた必要な一歩だと信じて革新を続けていきます。

コーチングの技術を活用した
課題解決のための「1on1」のコツ

──鈴木さんはコーチングの資格を持ち、対話によって組織の課題を解決したとお聞きしました。対話による課題解決を目指す際に重要なことはなんでしょうか?

多くの企業で1on1と呼ばれる、上司と部下が対面で話す機会が広まっています。評価や管理のためでなく、部下の成長をサポートする場です。でも実際には、部下からは「話したいことが話せない」「上司ばかりが延々話している」、上司からは「部下の本音が聞けていない気がする」「指導する時間になってしまっていた」「いつの間にか説教していた」ということが起こっていると聞きます。きっと上司の方々は仕事への責任感から「自分が持っている正解を部下に伝えなければ」と思い込んでいるのではないでしょうか。真面目な方ほど、この「責任感の罠」を取り去る必要があります。

──具体的には、どのように対話するのがよいのですか?

部下に本音を話してもらったり、自由な発想で新しいアイデアや行動を生み出したりしてもらうには、「心理的安全性」が確保されていることが前提です。そのため、質問ではなく「問い」の共有が重要になります。

質問:不明点や疑問点を問いただす(前提として、決まった答えがある)
問い:わかっていないことを指し示す(問うて一緒に考える)

実際に当社では、1on1の際、こんな「質問」を上司から問いかけるようにしてみました。

目的設定:「今日は何の話をしたいですか?」
「今日の時間の中でどんな事が手に入るとよいですか?」

スモールイノベーター | 取得している資格 | 実践したメソッド
鈴木勇次さん（社長） | ICF国際コーチング連 | 心理的安全なコミュニ
 | 盟認定プロフェッショ | ケーションのための「問
 | ナルコーチ（PCC） | い」の技術

現状確認：「今一番課題だなと思っていることはどんな事ですか？」
　　　　　「手を付けたいけどまだ手がつけられていない事は何ですか？」
目標設定：「今年チャレンジしたいことはどんな事ですか？」
　　　　　「その目標達成はあなたにとってどんな意味がありますか？」
行動計画：「最初の第1歩は何から始めますか？」
　　　　　「この計画を達成するにはどんなサポートが必要ですか？」

　答えがYes、Noしかないクローズドクエスチョンでは話が広がりません。オープンクエスチョンで、かつ互いにわかっているようで、まだぼんやりしていることに焦点をあてる意識が重要です。「一緒に考える」という姿勢で問いかけ、心から興味と関心を持ってあいづち、頷き（聞いているサインを送る）ながら聴きます。部下が話している間は自分の考え（自分の正解）をいったん脇に置き、間違っていると感じても話の腰を折ったり否定したりせず、まずは部下の話を聴きましょう。どうしても気になる点がある場合は、懸念点を伝えて「どう思う？」と問いかけ、対話を続けていくのです。問いかけた内容を一緒に考えて、将来進みたい方向、達成したいこと、新たに試してみたいことを共に創っていく「共創」の時間にする。イメージとしては、キャンバスに2人で向かって一緒に絵を描いていく感じです。

——この対話をすると、相手はどう変わりますか？

　このような心理的安全な環境での1on1なら、部下も話したいことを話せて、上司も部下の本音や本当にやりたいことが聴けるようになります。これさえやれば大丈夫という万能薬ではないのですが、1on1を豊かにするヒントにしていただけたらと思います。

巻末付録③
トップも、変わりはじめている

　ここまで、「自走するチームをつくり、影響の輪を広げる」ことで、現場からでも会社全体を変えていく方法をお伝えしてきました。一人ひとりの意識変化はもちろん重要ですが、最も大きな影響を与えるのは、経営者自身の考え方です。長年、会社を経営し成功を積み上げてきた経営者にとって、現在の仕組みや方針を見直し、「知識社会の組織モデル」への変革を決断するのは容易なことではないでしょう。「そんな綺麗事では、経営は成り立たない」「いまどきの企業だからうまくいくことで、従来のメーカーや小売業では応用できない」と、思う方もいらっしゃるかもしれません。

　そこで最後に、ある大企業の「組織改革事例」をご紹介します。「チェーンストア理論」的な経営、管理体制の最たるものである小売業でありながら、トップ自らが改革を必要に感じ行動しました。この事例が、変革に踏み出すためのご参考になることを祈念しています。

自走する組織へ。
大胆な経営改革を断行する、カスミが目指す未来像

　株式会社カスミは、2021年の売上高で2880億円、従業員数で2757名の規模の持つ北関東のスーパーチェーンである。2013年7月、同社会長（現相談役）の小浜裕正氏が、NHK「クローズアップ現代〜人を動かす共感力」に登場した。そこで、チェーンストア理論を基盤として成長してきたスーパー業界の課題を赤裸々に吐露し、同業界に働く人々の注目を集めることとなった。

　「やっぱり、こういう数字を見て、同じことを50年間繰り返してきていいのかと思った」。小浜会長が心を痛めていたのは、従業員アンケートの結果だった。「自分の職場を知人や友人にすすめるか」という質問に対して、「すすめない」と回答した従業員が「すすめる」とした従業員を大きく

上回った。顧客満足を追求するあまり、滅私奉公が当然となってゆく。そんなスーパー経営の舞台裏を、その数字は雄弁に語っていた。

小浜裕正氏は、日本におけるスーパーマーケット業界の生き字引だ。1965年にダイエーに入社し、中内㓛氏の右腕として活躍。同社専務取締役にまで昇進し、スーパーチェーン経営の表も裏も嫌というほど経験してきた。そして2000年、経営難にあえぐカスミに転籍すると、大胆な事業整理と徹底した顧客志向により同社をV字回復に導いた。

しかし、震災を経た2012年、小浜氏は抜本的な変革を決断する。老舗スーパーを鮮やかに復活させた72才の経営者が、スーパー経営の常識を破ろうと、再び起動したのだ。目的は、統制型組織からの脱却だ。従業員にも顧客にも愛される会社にカスミを変革するために、経営理念に基づいて、従業員が自律的に行動できる組織にすること。それによって100年続くカスミの礎を築くことだ。しかしながらハードルは高かった。1.5万人を超す統制型組織を自走する組織に変革することがいかに困難か、誰もが想像つくことだろう。

同社の壮大な挑戦をリードした社内改革組織の責任者、高橋徹氏（現執行役員）は、この時の苦労を振り返る。「当初、大半の店長は改革に無関心で、勉強会でもその表情はお地蔵さんのようでした。店長は社内への報告業務に忙殺され、新しいことに着手する余裕がなかったのです。ヒアリングを進めるにつれ、縦割り組織の弊害を痛感しました。その壁を突き破り、従業員同士が言いたいことを言える、知恵を出しあうための仕組みづくりが私たちの使命だと強く感じました」。

それでも、当時の小浜会長と藤田元宏社長（現ユナイテッド・スーパーマーケット・ホールディングス株式会社社長）、そして担当部門のメンバーは、粘り強く歩を進めていった。社内のキーマンと対話し、従業員満足度を調査し、社内に対話のコミュニティを構築した。そして2013年度から

の新中期経営計画では、その骨子を「ソーシャルシフトの経営」とし、その全社改革を社内外にむけて宣言した。

経営哲学を共有し、従業員が自律的に行動し、顧客にすばらしい価値を提供する。それが結果的に事業成果につながる。その実現のために、3つの組織が新設された。共有する価値観を考える「未来委員会」、価値観をもとに自律的な店舗運営を行う「モデル店舗」、モデル店舗の運営を支援する本社の会議体「ソーシャルシフト・コミッティ」だ。

未来委員会は各店舗・各部署から選ばれた約20人の若手従業員で構成された。対話と議論を重ねながら「カスミらしさ」とは何かを考えていく。時に会長や社長も交え、約一年かけてつくられた「価値観」を社内に浸透させることも、未来委員会の役割となった。近隣店舗の従業員が集う「エリア未来委員会」を頻繁に開催し、現場の行動と価値観がどう結びつくかについて、膝を突き合わせた対話を重ねたのだ。この地道な活動が、同社の価値観浸透に大きく貢献した。

モデル店舗は、ソーシャルシフトが目指す自律的組織を先行して実践する、いわば特区的組織だ。当時社長だった藤田氏が150店舗に問い掛け、立候補した10店がモデル店舗としてスタートした。お客様も従業員も笑顔に溢れ、最高の顧客サービスを提供し、各地域で特別なスーパーと感じていただけるお店づくりを目指す取り組みだが、具体的な施策は店舗の自主性に任された。

ソーシャルシフト・コミッティは、モデル店舗の運営を全面的にバックアップするための本社会議体だ。その特徴は「現場の管理」ではなく「現場の支援」という姿勢を徹底している点にある。委員長は社長、メンバーは各部門のトップやマネージャークラスで構成され、毎週のように現場の問題点を解決していく。現場の業務を簡素化して権限委譲するための業務改善を実行するとともに、社内情報共有システムの見直し、評価制度の見

直しなど、社内改革を推進するエンジンとなった。

　同社の改革が社内に浸透するまで約1年かかったが、モデル店舗の店長やパートさんが主導するカタチで、自律的な活動が広まった。初年度10店でスタートしたモデル店舗だったが、他店舗を上回る成果をあげたために注目され、2014年度は58店舗、2015年度は115店舗と拡張され、2016年度には全店舗が自律型店舗にシフトした。

　今や、全店舗の従業員から、日に数十件のアイデアがFacebookグループでシェアされ、そのナレッジは知識ベースとして蓄積していく。小浜氏の着想から10年近くが経つが、その意思は今も脈々と受け継がれ、改革は現在も進行中だ。

　コロナ禍においては、2020年に就任した山本慎一郎社長のもと、オンライン空間に場を移して「ソーシャルシフトやってみよう交流会」がスタートした。多くの従業員が参加し、現場での活動をテーマに、活発な対話や議論が行われる。社長と店舗従業員との課題解決ワークショップや、全店舗の店長と次長約400名を対象にした、オープン・リーダーシップ教育もスタートした。本書の内容を小売業向けにカスタマイズしたもので、本部の役職者にも対象を広げていく予定だ。

　2012年3月、モデル店舗に立候補した10名の店長に対して、当時の小浜会長は「今日から、君たちの上司は経営哲学だ」と宣言した。小浜氏が人生の大半を捧げた「チェーンストア理論」の対極となるであろう、大きな意義を持つ改革である。

　目指すのは、あらゆる顧客接点で、自主的に判断し行動できる現場。それを許容できるマネジメントの経営システム。極論すれば、本部のないチェーン・システムだ。100年続くカスミへの再構築に向けて、三代の経営者に引き継がれ、今も同社の強い意志は揺るいでいない。

300

《参考文献一覧》

p11 ハフィントンポスト記事「オードリー・タンの頭の中。台湾の天才大臣が語る「バグを恐れない」生きかた」20.8.19
p12 アルビン・トフラー『第三の波』1980年
p18 ウォルター・キーチェル三世『経営戦略の巨人たち』2010年
p21 インテル社ホームページ
p22 ブルームバーグ
p26 日経新聞「世界のカネ1京円、10年で7割増 実体経済と乖離鮮明」2017.11.14
p28 斉藤徹『ソーシャルシフト』2011年
p28 CB Insights
p30,31 NRI「在宅勤務活用による働き方・暮らし方の変化に関する調査」2020.7
p31 ZOOM blog「2020年を振り返って」2020.12.23
p32 JMAM「新型コロナによるビジネスパーソンの意識・行動変化に関する調査結果」2020.10
p32,34 リンダ・グラットン/アンドリュー・スコット『ライフシフト』2016年
p36 ピーター・ドラッカー『ポスト資本主義社会』2007年
p42,43 ゲイリー・ハメル『経営は何をすべきか』2013年
p42 ハーバード・ビジネス・レビュー「マネジメントの25の課題」2013.2.22
p46 デビッド・ボーム『ダイアローグ: 対立から共生へ、議論から対話へ』2007年
p47 サン＝テグジュペリ『星の王子さま』1943年
p52,55 チェット・リチャーズ『OODA LOOP』2019年
p55 ロバート・グリーンリーフ『サーバント・リーダーシップ』1977年
p64 チェスター・バーナード『経営者の役割』1938年
p66 ハーヴェイ・セイファター、ピーター・エコノミー『オルフェウス・プロセス』2002年
p70 Pearce, Craig L. Sims Jr., Henry P.「Vertical versus shared leadership as predictors of the effectiveness of change management teams: An examination of aversive, directive, transactional, transformational, and empowering leader behaviors.」2002年
p74 Daniel H. Kim「WHAT IS YOUR ORGANIZATION'S CORE THEORY OF SUCCESS?」2002年
p78 ICD-LAB「Talking Bones」
p80,82,269 ピーター・センゲ『学習する組織』1990年
p82 デビッド・ボーム『ダイアローグ』2007年
p86 The New York Times「What Google Learned From Its Quest to Build the Perfect Team」2016.2.25
p86 Google「Re:work」
p86 BIZHINT「プロジェクトアリストテレス」
p94 Amy Edmondson「Psychological Safety and Learning Behavior in Work Teams」1999年
p94,120,122 エイミー・エドモンドソン『恐れのない組織』2021年
p96,124 エイミー・エドモンドソン『チームが機能するとはどういうことか』2014年
p102 根本橘夫『代償的自己を生きる「いい人に見られたい」症候群』2009年
p104 マルティン・ブーバー『我と汝』1923年
P107 Gneezy, U. and A. Rustichini「A Fine Is a Price.」The Journal of Legal Studies 29
p112 Chris Argyris『The ladder of inference』1970年
p116,127,150,151 ダニエル・コイル『THE CULTURE CODE 最強チームをつくる方法』2018年
p118,142 アレックス・ペントランド『ソーシャル物理学』2015年
p118 アレックス・ペントランド　ハーバード・ビジネス・レビュー「チームづくりの科学」2012.9
p121 ヘンリー・ミンツバーグ『MBAが会社を滅ぼす』2006年
p127,164 ピーター・ドラッカー『マネジメント』1973年
p132 ハーバート・サイモン『システムの科学』1969年
P138 井伏鱒二『川釣り』1952年
p139,224 ロバート・パットナム『哲学する民主主義』1993年
p140 ウェイン・ベーカー『ソーシャル・キャピタル』2001年
p143 ヤン・カールソン『真実の瞬間』1989年
p145 サイモン・シネック『WHYから始めよ！』2009年
p146,196,204 エドワード・デシ『人を伸ばす力』1999年

p158,227,257,263,265 スティーブン・コヴィー『7つの習慣』1989年

p160 石塚しのぶ『ザッポスの奇跡』2010年

p160 ジョゼフ・ミケーリ「究極の顧客サービス ザッポス体験」2012年

p160 トニー・シェイ『ザッポス伝説』2010年

p162 フィリップ・コトラー『マーケティング3.0』2010年

p164,172 Amy Wrzesniewski,Jane E. Dutton
「Crafting a Job: Revisioning Employees as Active Crafters of Their Work」2001年

p165 PETER SCHMUCK, TIM KASSER and RICHARD M. RYAN「INTRINSIC AND EXTRINSIC GOALS:THEIR STRUCTURE AND RELATIONSHIP TO WELL-BEING IN GERMAN AND U.S. COLLEGE STUDENTS」1999年

p166 マーティン・セリグマンTED「ポジティブ心理学」2004年

p170 マーティン・セリグマン『ポジティブ心理学の挑戦』2014年

p184,224 アダム・グラント『GIVE & TAKE』2013年

p186 アブラハム・マズロー『完全なる人間』1964年

p187 ヴィクトール・フランクル『夜と霧』1946年

p190 クラウディア・ハモンド『お金に支配されない13の真実』2017年

p190 ROLAND G. FRYER, JR.
「Financial Incentives and Student Achievement: Evidence from Randomized Trials」2011年

p192 ダニエル・ピンク『モチベーション3.0』2010年

p194 Deci, Edward L.「Effects of externally mediated rewards on intrinsic motivation.」1971年

P199 シーナ・アイエンガー『選択の科学』2014年

p200 Carl Rogers「A Theory of Therapy，Personality，and Interpersonal Relationships，as Developed in the Client-centered Framework」1959年

p202 クリス・アージリス『組織の罠』2016年

p208 野中郁次郎他『知識創造企業』2020年

p210 大野耐一『トヨタ生産方式』1978年

p211 スティーヴン・レヴィット，スティーヴン・ダブナー『0ベース思考』2015年

p211 Chris Argyris「Double-Loop Learning, Teaching, and Research」2002年

p212 ピーター・ドラッカー『明日を支配するもの―21世紀のマネジメント革命』1999年

p214 Yerkes RM, Dodson JD「The relation of strength of stimulus to rapidity of habit-formation」1908年

p216 ミハイ・チクセントミハイ『フロー体験 喜びの現象学』1996年

p221 田口智博 医学書院「コーチングで、力を最大限に発揮するサポートを」2013.9.9

p223 Clark, Margaret S. Mills, Judson「Interpersonal attraction in exchange and communal relationships」1979年

p226 ハーバード・ビジネス・レビュー『コミュニケーションの教科書』2018年

p228 トマス・ゴードン『ゴードン博士の人間関係をよくする本』2002年

p228 伊藤守『コーチング・マネジメント』2002年

p228 ウィリアム・ユーリー、ロジャー・フィッシャー『ハーバード流交渉術』1981年

p236 ロバート・キーガン、リサ・ラスコウ・レイヒー『なぜ人と組織は変われないのか』2013年

p244 エリック・ガートン、マイケル・マンキンズ
『TIME TALENT ENERGY 組織の生産性を最大化するマネジメント』2017年

p245 Gallup「The Power of Gallup's Q12 Employee Engagement Survey」

p246 エリック・ガートン、マイケル・マンキンズ　ハーバード・ビジネス・レビュー
「企業の生産性ギャップはコロナ禍で拡大している」2021.1.29

p247 ベイン＆カンパニー／EIU合同調査（N=308）

p258 Bill George「Authentic Leadership」2003年

p258 ハーバード・ビジネス・レビュー『セルフ・アウェアネス』2019年

p260 呉兢『貞観政要』（和訳されたものとしては、守屋洋氏や出口治明氏のものが有名）

p267 フランシス・フライ他　ハーバード・ビジネス・レビュー「リーダーの信頼を支える3つの力」2021.2

p273 Gallup「エンゲージメント・サーベイ」2017

p274 NATIONAL GEOGRAPHIC「漂海民バジャウ、驚異の潜水能力を［進化］で獲得」2018.4.23

p274 Chiao & Blizinsky
「Culture-gene coevolution of individualism-collectivism and the serotonin transporter gene」2009年

p275 Hidehiko Takahashi他「Honesty mediates the relationship between serotonin and reaction to unfairness」2012年

やる気に満ちた「やさしいチーム」づくりにチャレンジしている
hintゼミ・メンバーからの、熱い一言メッセージをご覧ください!

森田直美	私から「怒」が消えたらチームが明るくなった!
松本健雄	傾聴と対話の率先行動で、共創・協創・独創の組織を目指します!
疋田真悟	皆違う事が何よりの価値。そんな仲間と幸せ視点でイノベーション!
水原晶代	笑顔と傾聴に徹すると、全員が前向きに発言始めて熱い会議に!
林千瑛	50名の仲間と、関係の質から会社変革活動開始。実証試験中です。
松下哲夫	社内有志活動から企業変革を起こします!ワクワクが止まらない。
小川梓	上下ではなく横の関係、共創しあうすごいチームをつくります!
中村恵美	はたらくをハピネスに!関係の質を起点に組織改革を伴走します。
藤田さやか	ワクワクが周りに広がる組織にすべく、チームの太陽になる!
鴨田純一郎	自分の影響の輪から、あったかくて熱いチームを広げていきます!
恩田莉日子	ワクワクに勝るエネルギーなし!ポジティブの起点になります。
荒木理崇	マレーシアで仲間たちと一緒に幸せ視点経営を実践していきます。
佐浦隆一	横暴を 排した職場は 気持ちよく みんなの笑顔 あちらこちらに
永田滋友	横串組織が立ち上がり、会社が動き始めた。ダイナミックでした。
狩野孝徳	「労使」を、幸せ視点の新しい関係(ことば)に変革し対話したい。
中瀬敬子	組織や場の空気、見えない壁を乗り越えて隣人の心に火を灯そう。
岩田慎一	組織横断チーム作り真っ最中。大変だけどワクワクしてます。
遠藤隆志	笑う門には福来る!ちっちゃな範囲からポジティブ始めてみました。
仲井亜紀子	お金視点でなく、幸せ視点となるように。まずは私自身から。
北嶋良章	お互いを知る、ありがとう言い合う、皆で決めるでやる気は上がる。
山崎亘	ほっぺがつっちゃう位ずっーと笑顔でZoom会議に参加してみます!
由井俊道	Why?を明確に、結果ではなく、対話、関係性の質で変革する。
末永祐子	年齢・国籍違えども対話と笑顔、幸せ視点で架け橋になる!
小川照彦	個性がチームの財産です。全てを受け入れ、自走の推進力に導こう!
鈴木恵枝	幸せの拡散!皆の心をつなげるチェンジエージェントになります。
桧山直樹	自走してるか。心理的安全はあるか。会社選びの新常識です。
石塚幸治	そうだ、結果じゃなくって、仲間との対話からはじめてみよう。
松崎貴史	まずは私が変わり、楽しみながら、幸せ視点の輪を広げていきたい。
高木真澄	地方都市もイノベーション!私はここで幸せの起点になります。
脇田真知	「本音で共創!」を目指しめちゃわくわくを広げる起点になります。
植原豪浩	尊重と理解、本音を交わすコミュニケーションでチーム活力向上!
柿島宗一郎	自分に素直に、自分を幸せに。周りも幸せするアクション継続中。
笠間陽子	オセロを黒から白に変えるように一人一人丁寧に巻き込む。
平岡いづみ	「しなければならない」から「したい!」に変わるような働きかけ。

謝辞

この本は、とても多くの方の知見や経験の集合知として生まれたものです。
ここに、心からの感謝の気持ちを記させていただきます。

はじめに「しなくちゃをなくして、したいだけの組織ができるんだ！」と確信させてくれた、Z世代の若者たちに、変わらぬ愛と感謝の意を表明します。学習院大学の自主ゼミとして生まれた、チームdotのメンバーです。2016年から現在にいたるまで、かけがえのない貴重な経験を僕にプレゼントしてくれました。特に、株式会社dotメンバーは、この本に掲載されている80点を超えるイラストを、心を込めて、丁寧に仕上げてくれました。書籍制作に本格的に関与してくれた、まゆみ（前田真由美）、ニモ（根本清佳）、イトケン（伊藤賢太）、この本は僕たちの共作だね。ほんとうにありがとう。それに、いつもチカラになってくれる、トミー（冨田侑希）、ゆーり（小金丸侑莉）、えっちょ（渋江みのり）、ぷんもえ（池田萌絵）、ガサキ（森ケ崎未来）、たけちゃん（土屋岳詩）、ありがとう。

続いて、hintゼミの方々、卒業生も含めて500名を超えるみなさんからは「すべての働く人が、それも世代を超えて『学習し、共感し、自走する組織』をつくれるんだ！」という新鮮な驚きと、大いなる知見をいただいています。おかげさまでhintゼミは、幸せ視点の経営学をひろめるプラットフォームに成長し、僕のライフワークにもなりました。これからも末永くご一緒させてください。みなさんの集団的知性に大いに刺激され、この書籍は生まれました。中でも、巻末インタビューにご協力いただいた柳本健一さん、坂本宗隆さん、山田理菜さん、中村恵美さん、薮ノ賢次さん、鈴木勇次さん、浅井紀洋さん、伊村朋子さん、鴨田純一郎さん、西井めぐみさん、真下美奈子さん。貴重なお時間を割いて、組織をよりよくする活動をお聞かせいただき、ありがとうございました。

また、出版にあたって、hintゼミ「だかボク応援部」として支えてくれた、安藤美玖さん、呉文恵さん、佐藤彰さん、永田滋友さん、桧山直樹さん、古屋武範さん、松井正さん、素晴らしい知見と応援をいただき、ありがとうございました。

さらに、事前に原稿案をお読みいただき、プレ講演でもアドバイスいただいた、hintゼミ「スモール・イノベーターの会」のみなさま、ありがとうございます。中でも、全文にわたり丁寧なフィードバックをいただいた疋田真悟さん、鴨田純一郎さん、桧山直樹さんのコメントで、本書のクオリティは大きく向上しました。心から感謝いたします。

最後に、この本は、dotイラストチームに加えて、全編にわたって素晴らしい書籍デザインをリードしてくれた株式会社STUDIO HOLIDAYのアート・ディレクター安藤きりんさん、そしてライターのイイダテツヤさん、株式会社クロスメディア・パブリッシングの石井一穂さん。四者が密にコラボして生まれたものです。やる気に満ちたやさしい組織、やさしい社会の一助になりたい。そんな熱意と情熱を共有しながらの書籍の制作は、まさに「フロー体験」の連続で、とても楽しい思い出となりました。

長い時間がかかりましたが、おかげさまで、この本を世に出すことができました。

斉藤徹

【著者略歴】

斉藤 徹（さいとう・とおる）

起業家、経営学者。ビジネス・ブレークスルー大学教授。株式会社hint代表。株式会社ループス・コミュニケーションズ代表。1985年、日本IBM入社。1991年に独立しフレックスファームを創業。2005年にループス・コミュニケーションズを創業。ソーシャルシフト提唱者として、知識社会における組織改革を企業に提言する。2016年から学習院大学経済学部経営学科の特別客員教授に就任。起業家、経営者、教育者、研究者という多様な経歴を活かして、2020年からはビジネス・ブレークスルー大学教授として教鞭を執る。2018年に開講した社会人向けオンラインスクール「hintゼミ」には、大手企業社員から経営者、個人にいたるまで、多様な受講者が在籍し、期を増すごとに同志の輪が広がっている。企業向けの講演実績は数百社におよび、組織論、起業論に関する著書も多い。『業界破壊企業』（光文社）、『再起動（リブート）』（ダイヤモンド社）、『BEソーシャル！』『ソーシャルシフト』（ともに日本経済新聞出版社）など。

だから僕たちは、組織を変えていける

2021年12月 1日 初版発行
2024年 1月22日 第20刷発行

発 行　**株式会社クロスメディア・パブリッシング**

発 行 者　小早川 幸一郎

〒151-0051　東京都渋谷区千駄ヶ谷4-20-3 東栄神宮外苑ビル
https://www.cm-publishing.co.jp
■本の内容に関するお問い合わせ先 ⋯⋯⋯⋯⋯⋯⋯⋯ TEL (03)5413-3140／FAX (03)5413-3141

発 売　**株式会社インプレス**

〒101-0051　東京都千代田区神田神保町一丁目105番地
■乱丁本・落丁本などのお問い合わせ先 ⋯⋯⋯⋯⋯⋯⋯⋯⋯⋯⋯⋯⋯⋯ FAX (03)6837-5023
service@impress.co.jp
※古書店で購入されたものについてはお取り替えできません

ブックデザイン　安藤きり（STUDIO HOLIDAY）　　デザイン協力　金澤浩二／内山瑠希乃
イラスト　チームdot　　　　　　　　　　　　　　編集協力　イイダテツヤ
DTP　内山瑠希乃　　　　　　　　　　　　　　　　図版作成　長田周平
印刷・製本　株式会社シナノ／中央精版印刷株式会社
©Toru Saito 2021 Printed in Japan　　　　　　ISBN 978-4-295-40625-9 C2034